DES MŒURS,

DES LOIS ET DES ABUS.

TABLEAUX DU JOUR,

PRÉCÉDÉS

DE LA

VIE DE M. DE MONTYON.

Avec un Fac-Simile de son Écriture.

PAR M. ALISSAN DE CHAZET,
OFFICIER DE LA LÉGION D'HONNEUR.

PARIS,

Chez { Charles GOSSELIN, Libraire de S. A. R. Mgr le Duc de Bordeaux, rue St.-Germain-des-Prés, N° 9.
DELAUNAY, au Palais-Royal.
Alexandre MESNIER, place de la Bourse.

ET CHEZ LES PRINCIPAUX LIBRAIRES.

Décembre 1829.

DES MOEURS,
DES LOIS ET DES ABUS.

IMPRIMERIE DE A FIRMIN DIDOT,
RUE JACOB, N° 24.

DES MŒURS,

DES LOIS ET DES ABUS.

TABLEAUX DU JOUR,

PRÉCÉDÉS

DE LA

VIE DE M. DE MONTYON.

Avec un Fac-Simile de son Écriture.

PAR M. ALISSAN DE CHAZET,

OFFICIER DE LA LÉGION D'HONNEUR.

PARIS,

Chez
- Charles GOSSELIN, Libraire de S. A. R. M⁹ʳ. le Duc de Bordeaux, rue St.-Germain-des-Prés, N° 9.
- DELAUNAY, au Palais-Royal.
- Alexandre MESNIER, place de la Bourse.

ET CHEZ LES PRINCIPAUX LIBRAIRES.

Décembre 1829.

VIE

DE M. DE MONTYON.

VIE

DE M. DE MONTYON,

ANCIEN INTENDANT D'AUVERGNE,
DE PROVENCE ET DE SAINTONGE.

Avec un Fac-Simile de son Écriture.

« C'était vraiment une âme pleine et qui
« montrait un beau visage en tout sens;
« une âme à la vieille marque. »
« ESSAIS DE MONTAIGNE.

DÉCEMBRE
1829.

AVANT-PROPOS.

J'avais d'abord intitulé cet ouvrage : *Vie ou Éloge de M. de Montyon ;* par réflexion, j'ai supprimé le second titre. Une des premières règles de l'art d'écrire, est d'éviter les pléonasmes.

L'homme excellent, dont j'ai raconté l'histoire, désirait que l'on s'occupât des publications utiles aux mœurs. J'ai pensé que ce livre leur serait doublement profitable, si mes considérations sur les *mœurs*, les *lois* et les *abus* de notre époque, avaient pour préface le récit d'une belle et noble vie, qui a offert, pendant le cours de soixante-dix années, la vertu et la morale en action!

Né avec une fortune qui lui permettait de se livrer à toutes les douceurs du repos, M. de Montyon ne se reposa jamais, et son travail n'était pas ce qu'on appelle un loisir occupé, c'était véritablement le *labor improbus*. On aurait peine à croire, si des personnes dignes de foi ne l'attestaient, que, parvenu à sa quatre-vingt-septième année, il se plaignait de ne plus pouvoir travailler que sept heures par jour; ce changement dans ses habitudes était pour lui le symptôme d'une fin prochaine.

Il a laissé de grands exemples pour toutes les conditions.

Les magistrats admireront sa constante impartialité dans l'exercice de ses fonctions judiciaires; les conseillers du prince, la rectitude de ses idées et la pureté de ses vues; les administrateurs, son active sollicitude pour les intérêts du peuple; les hommes de cour, cette franchise polie qui lui permettait de ne manquer ni au respect ni à la vérité; les riches enfin rendront hommage à cette prévoyance noblement parcimonieuse, qui thésaurisait pour le pauvre, et qui perpétuait la bienfaisance par des dotations immortelles.

Si, comme on est fondé à le croire, la Vie de M. de Montyon offre quelque intérêt aux différentes classes de lecteurs, on pourra, dans une nouvelle édition, agrandir le cadre, développer les événements, mettre en œuvre des documents d'une haute importance, placer dans la bouche de ce bienfaiteur de l'humanité, le récit de ses propres actions; en un mot, le faire revivre, agir et parler. Ces mémoires seront d'un genre neuf; on n'y trouvera ni diffamations ni scandale: tout y sera vrai, instructif et piquant, et chaque page, chaque ligne leur mériteront le titre de *Mémoires d'un homme de bien.*

~~par expérience~~
~~L'expérience ~~~~ ne peut s'entendre par le~~
en. L'expérience ne doit pas se confondre
avec l'usage, l'usage porte avec lui quelque
caractère d'ancienneté, l'expérience ne présente
l'idée que du temps actuel. L'usage est
l'expérience des autres, l'expérience est un
usage personnel. L'usage est un genre
d'expérience telle que le souvenir, le hasard
et la nature des choses; l'expérience est un
usage propre. par quel peine nouvelle
les connoissances et des lumières. D'après
cette distinction on doit reconnoître
que l'expérience est un guide plus
sûr que l'usage.

VIE

DE M. DE MONTYON.

La bonté n'est pas si rare que la malignité voudrait le faire croire; on a vu, à toutes les époques, des hommes honorer leur nom par des établissements utiles; on a vu des sociétés partager entre tous leurs membres le soin d'adoucir toutes les infortunes; les uns s'occuper des prisonniers, les autres des mères pauvres et infirmes, ceux-ci des enfants délaissés, ceux-là des vieillards aveugles; on a vu aussi de grands coupables qui, cédant à des remords tardifs, ont essayé en mourant d'expier leur vie par d'abondantes largesses:

mais ce qu'on n'avait vu dans aucun temps, ce qu'il était réservé à notre siècle de connaître et d'admirer, c'est un homme qui, possesseur d'une fortune immense, n'en a jamais été que l'administrateur au profit des pauvres, qui a disséminé ses richesses dans toutes les parties du monde pour atteindre partout le malheur, qui n'a jamais employé le pouvoir qu'à le faire bénir, qui a prévu toutes les infortunes, calculé toutes les ressources, fondé des prix pour tous les talents utiles et pour toutes les vertus modestes; qui, mystérieux dans sa bienfaisance, n'a jamais donné d'argent que sous le secret; qui a conspiré soixante ans dans l'ombre pour le bien public, et qui, même à sa dernière heure, en répandant des libéralités sans exemple, aurait voulu rester inconnu s'il avait pu faire son testament sans se nommer!... Cet homme extraordinaire, c'est un Français; ce Français, c'est M. de Montyon, c'est celui dont je vais écrire l'histoire.

M. de Montyon, fils d'un maître des comptes qui jouissait d'une fortune considérable, naquit le 23 décembre 1733; il eut de très-grands succès en seconde et en rhétorique, et remporta presque tous les prix; d'un esprit vif et pénétrant, mais grave et sérieux, il sentit de bonne heure une vocation prononcée pour la carrière des lois, et fut nommé, en 1755, avocat du Roi au Châtelet. M. de Malesherbes exerçait douze ans avant lui les mêmes fonctions; c'était un noviciat judiciaire, et une excellente école pour les jeunes gens destinés aux dignités les plus éminentes de la magistrature. M. de Montyon se montra dès-lors ce qu'il fut toute sa vie : laborieux, intègre, désintéressé; personne ne pouvait trouver de protection près de lui que dans son droit, et toutes les fois qu'il eut à prendre des conclusions dans une affaire, aucune considération ne balança dans son esprit le sentiment de ses devoirs. Une dame d'une beauté remarquable vint un jour le voir pour lui parler d'un procès dont sa destinée dépendait : elle lui exposa ses motifs, et ne trouvant pas ses raisons bonnes, il les combattit avec calme; la solliciteuse espérant séduire celui qu'elle ne pouvait convaincre, voulut donner à sa physionomie plus d'expression, et mit plus de feu dans ses regards; ce manége ne réussit pas, et mécontente d'avoir produit si peu d'effet, elle se leva, et dit avec dépit : « Adieu, Monsieur, je vois « bien que vous êtes décidé à dire toujours non. »

a.

Son caractère inflexible le fit surnommer *le grenadier de la Robe.*

Bientôt il fut nommé conseiller au grand-conseil, et en 1760 il était déja maître des requêtes; il fallait avoir 31 ans pour remplir cette place, il n'en avait que 27, le roi lui accorda des dispenses d'âge, motivées sur ses *talents précoces et sur sa haute capacité.*

Ses nouvelles fonctions le firent entrer au 7e bureau du conseil d'état, pour la législation des colonies françaises. Quelques années après, on le chargea des affaires de la librairie, dont M. de Malesherbes était alors directeur; il se fit remarquer par le zèle le plus éclairé; tous les gens de lettres auxquels il avait affaire, étaient enchantés de la politesse de ses manières, de la variété de ses connaissances et de la solidité de son esprit. Voltaire qui l'avait rencontré à différentes époques dans plusieurs salons de Paris, et qui était alors retiré à Ferney, fut inquiété au commencement de l'année 1767, pour une affaire de contrebande en livres étrangers. C'était surtout madame Denis que l'on avait voulu compromettre; ayant appris que M. de Montyon était chargé de rapporter cette affaire au conseil, il lui écrivit une lettre qui n'est pas imprimée, et qu'on sera bien aise de lire, puisqu'elle est de Voltaire (1).

A Ferney, 9 janvier 1767, par Genève.

MONSIEUR,

« C'est une grande consolation que vous soyez le juge de ma nièce, Mme Denis : car, pour moi, n'ayant rien, on ne peut rien m'ôter : j'ai tout donné. Le château que j'ai bâti lui appartient; les chevaux, les équipages, tout est à elle. C'est elle que des cerbères de bureau d'entrée persécutent; nous avons tous deux l'honneur de vous écrire pour vous supplier de nous tirer des griffes des portiers de l'enfer.

« Vous avez, sans doute, entre les mains, Monsieur, tous nos mémoires envoyés à M. le vice-chancelier, qui sont exactement conformes les uns aux autres, parce que la vérité est toujours semblable à elle-même.

« Il est absurde de supposer que Mme Denis et moi nous fassions un commerce de livres étran-

---

(1) Cette lettre a été copiée sur l'original.

gers : il est très-aisé de savoir de la dame Doiret de Châlons, à laquelle les marchandises sont adressées par une autre Doiret, toute la vérité de cette affaire, et où est la friponnerie.

« Nous n'avons jamais connu aucune Doiret, y en eût-il cent : il y a une femme Doiret qui est venue dans le pays en qualité de fripière, elle a acheté des habits de nos domestiques sans que nous l'ayons jamais vue; elle a emprunté d'eux un vieux carrosse et des chevaux de labourage de notre ferme éloignée du château pour la conduire, et nous n'en avons été instruits qu'après la saisie.

« Loin de contrevenir en rien à la police du royaume, j'ai augmenté considérablement la ferme du Roi sur la frontière où je suis, en défrichant les terres, et en bâtissant onze maisons, et loin de faire la moindre contrebande, j'ai armé trois fois mes vassaux et mes gens contre les fraudeurs. Je ne suis occupé qu'à servir le Roi, et j'ai trouvé dans les belles-lettres mon seul délassement à l'âge de soixante-treize années.

« Nous avons encore beaucoup plus de confiance en vos bontés, Monsieur, que nous n'avons de chagrin de cette aventure inattendue. M. d'Argental peut vous certifier sur son honneur que nous n'avons aucun tort, madame Denis ni moi, et mon neveu, l'abbé Mignot, en est parfaitement instruit.

« Nous espérons recouvrer incessamment des pièces qui prouveront bien que nous n'avons jamais eu la moindre connaissance du commerce de la femme Doiret, ni de sa personne : nous vous demandons en grace d'attendre, pour rapporter l'affaire, que les pièces vous soient parvenues; madame Denis est trop malade pour avoir l'honneur de vous écrire, et moi, qui l'ai été beaucoup plus qu'elle, j'espère que vous pardonnerez à un vieillard presque aveugle, si j'emploie une main étrangère pour vous présenter le respect avec lequel j'ai l'honneur d'être,

Monsieur,

Votre très-humble et très-obéissant serviteur,

VOLTAIRE, *gentilhomme ordinaire du Roi.*

« Je me joins à mon oncle avec les mêmes sentiments,

Monsieur,

Votre très-humble et très-obéissante Servante,

DENIS.

Au moment où M. de Montyon allait exposer au conseil son opinion sur cette affaire, il fut appelé à l'intendance d'Auvergne, et ses lettres de nomination portaient qu'il était invité à s'y rendre sans délai, *vu l'état critique où se trouvait cette province.* Jusque-là, il s'était livré paisiblement et sans témoins à ces deux passions de sa vie, la bienfaisance et l'amour de l'humanité; quoiqu'il fût loin alors d'avoir la fortune qu'il a possédée plus tard, il prenait régulièrement sur ses revenus vingt mille francs pour les pauvres; mais ces dépenses, il les faisait comme il aimait à les faire, sans que personne en fût instruit; les sommes étaient inscrites dans ses livres, sans désignation; seulement il mettait en marge un signe que l'on a su depuis être celui qui indiquait ses belles actions. Dans le nouveau poste où la confiance de son souverain vient de l'appeler, il ne pourra plus, et c'est là son seul regret, cacher tout le bien qu'il aura le bonheur de faire; placé sur un plus grand théâtre, premier magistrat d'une province, objet de l'attention générale, il avait été devancé par sa renommée, et aussitôt qu'on fut instruit de son départ, une dé-

putation (1) choisie par l'assemblée des échevins et des notables d'Aurillac, fut envoyée à Clermont pour le complimenter sur son arrivée dans la province : la délibération porte : « qu'on trouverait
« sans doute des raisons pour motiver la députa-
« tion dans la naissance, le rang et la place de
« M. de Montyon, mais qu'il en était de bien
« plus douces et de plus intéressantes pour le haut
« pays d'Auvergne, et notamment pour cette
« ville, c'étaient les vertus et les qualités person-
« nelles de M. de Montyon dont on avait res-
« senti les effets dès les premiers jours de sa no-
« mination à l'intendance d'Auvergne, etc. Que le
« devoir et la reconnaissance se réunissaient en
« cette occasion pour lui témoigner un respect et
« un attachement tout particulier, etc., etc. »

En effet, dès le premier moment où il fut nommé, et long-temps avant de pouvoir se rendre à son poste, M. de Montyon avait envoyé à son ami M. Turgot, intendant de la province limitrophe (le Limousin), des sommes considéra-

---

(1) Parmi les députés, on remarquait M. de Lolier, président et premier échevin, et M. Sarret, chevalier de Fabrègues.

bles qu'il l'avait prié de faire distribuer aux pauvres par des personnes qu'il jugerait les plus dignes de sa confiance. Ces bienfaits n'étaient qu'un prélude.

A peine installé dans sa résidence, il commença à s'intéresser très-activement au bien-être de cette partie de sa généralité, qui se composait du pays des montagnes.

Il sut donner à l'esprit public une vive impulsion, en le dirigeant vers les objets d'une utilité générale, et c'est par ses conseils joints à ses exemples, que les habitants commencèrent à se livrer aux plans d'amélioration et aux vues économiques. Une justice admirable le guidait dans la répartition des fonds de dégrévements et de secours qui étaient à sa disposition; enfin, son intendance en Auvergne fut un enchaînement de soins paternels et de combinaisons savantes.

Les mauvaises récoltes et le manque de communications avaient causé une grande disette; le prix du blé seigle, nourriture ordinaire de l'immense majorité des habitants, s'était élevé à un taux sans exemple. Cet habile administrateur se livra alors aux méditations les plus actives pour arriver aux moyens d'amener une baisse, et quand il crut les avoir trouvés, se défiant encore de lui-même, il voulut connaître ceux qu'avait employés M. Turgot, pour lequel il faisait profession d'une haute estime ; il partit donc pour Limoges, et l'entrevue de ces deux hommes de bien mérite d'être rapportée.

« Je viens savoir, lui dit M. de Montyon, quel « remède votre cœur vous a inspiré contre le fléau « qui désole nos provinces. — Convaincu, lui « répondit M. Turgot, que le premier mobile des « hommes est l'intérêt, j'ai promis tant par sac « de farine, à ceux que j'ai chargés d'approvision- « ner le Limousin. — Ne craignez-vous pas, répli- « qua l'intendant d'Auvergne, que si quelqu'un « leur en donne davantage, l'appât du gain ne « les décide à vous frustrer de votre espoir ? Per- « mettez que je vous rende compte d'une autre « idée dont j'espère de bons résultats. La famine « qui nous afflige et qui se prolonge est évidem- « ment l'ouvrage des accapareurs : j'ai remis des « sommes importantes à des personnes sûres que « j'ai chargées de faire des achats considérables ; « elles seront de retour incessamment, j'aurai à « l'avance l'avis secret de leur arrivée : je ferai « savoir alors sans affectation aux accapareurs,

« que je connais parfaitement, que bientôt la pro-
« vince regorgera de blé, et qu'il y aura dans les
« prix une baisse énorme et subite. Effrayés de
« cette perspective qui les menacera dans leur
« fortune, ils se hâteront de vendre, et c'est à ce
« moment même que l'abondance renaîtra vé-
« ritablement. — Ah! mon ami, que je vous em-
« brasse, s'écria M. Turgot, vous êtes un magi-
« cien; et je me servirai de votre baguette. » En
effet il employa le même moyen, et deux provinces furent sauvées par la prévoyance ingénieuse d'un seul homme.

Tout le temps que dura la disette, les pauvres de la ville ayant été hors d'état de gagner leur vie, M. de Montyon les occupa à unir et aplanir à Aurillac la promenade du *Gravier*; à creuser, le long de la rivière, les fondements d'un quai pour contenir les eaux qui rendaient cette promenade impraticable, enfin à porter les matériaux néces-saires pour cette construction, ordonnée par dif-férentes délibérations qui n'avaient pu être exé-cutées jusqu'alors; les mêmes travaux se pour-suivaient à Mauriac de la même manière pour la promenade de la *Placette*.

Le plus grand ordre régnait dans toute l'Auvergne, et M. de Montyon, après avoir assuré le sort des indigents des villes, voulut encore étendre sa bonté sur la classe si intéressante des cultivateurs : une lettre, aussi remarquable par la noblesse touchante de ses dispositions charitables, que par la justesse parfaite de ses prévisions administratives, fut adressée par lui à M. de Vixouse, son subdélégué (1).

« Je ne veux omettre, Monsieur, aucun moyen de secourir les pauvres qu'ont accablés les malheurs de l'année; je sais qu'il est plusieurs cultivateurs dont la semence a péri, et qui ne sont point en état de ressemer; je m'occupe des moyens de les secourir.

« Si les principaux habitants de la ville d'Aurillac veulent faire une somme de deux mille livres, pour être employées aux achats de grains, et pour être données aux pauvres cultivateurs qui les rendront après la moisson, je destinerai le double, montant à 4000 fr., sur les fonds consacrés à la subsistance des pauvres, à cette même œuvre

---

(1) C'est grâce à l'obligeance empressée de M. le vicomte de Panat, préfet du Cantal, que j'ai obtenu cette lettre extraite des registres de la mairie d'Aurillac.

charitable. L'argent qui rentrera après la moisson, sera d'abord destiné à rembourser le prêt des particuliers, et ensuite à rembourser le roi; et les fonds provenant de ce dernier remboursement seront encore employés à des travaux pour la ville, comme il a été fait jusqu'à présent.

« J'exige seulement : 1° que les personnes charitables qui fourniront cette somme de deux mille francs, se chargent des soins du prêt et de redemander les grains; 2° que l'état de ceux auxquels on prêtera des grains pour ressemer, soit bien exactement formé, et que le choix en soit fait par vous, M. le lieutenant honoraire et les officiers municipaux; 3° qu'il n'y ait dans le nombre des cultivateurs auxquels on prêtera des grains aucun métayer, parce que c'est l'affaire des propriétaires de leur en prêter; 4° qu'il n'y ait point de prêt de grain fait à un seul homme pour une somme plus forte que 100 fr.

« Si ce parti convient, vous n'avez qu'à charger les personnes charitables qui contribueront à cette bonne œuvre, de l'exécution.

« Je joins ici, en conséquence, une ordonnance de 4000 fr., que vous me renverrez si ce parti n'est point accepté.

« J'ai l'honneur d'être, Monsieur, votre très-humble et très-obéissant serviteur.

Signé: DE MONTYON.

Paris, ce 31 mai 1770.

« *P. S.* Pour donner l'exemple de la bonne œuvre que je propose, j'y contribuerai pour un dixième, et je joins ici un mandat sur mes appointements, que le commis à la recette acquittera, et que M. le receveur des tailles prendra pour comptant. »

Lors du mariage du dauphin (Louis XVI), la ville ordonna une distribution gratuite de subsistances pour le peuple : M. de Montyon fit valoir auprès de lui cette manière de fêter cette solennité, et ce fut pour le jeune prince l'hommage le plus doux à son cœur. M. le duc de La Vauguyon le témoigna, en son nom, dans une lettre dont M. de Montyon envoya aux échevins d'Aurillac une copie, comme un monument honorable pour eux.

A cette époque la révolution des parlements vint à éclater; on proposa à M. de Montyon une place de président : il n'aurait tenu qu'à lui de réunir dans la même province les deux premières dignités de la magistrature judiciaire et de la magistrature administrative; mais c'eût été donner une approbation publique aux mesures prises par le chancelier Maupeou, et s'il ne voulait pas le fronder ouvertement par respect pour l'autorité royale, il était bien plus éloigné encore de se déclarer son apologiste; il se décida donc à partir pour Paris. L'abbé Terray employa tous les moyens imaginables pour triompher de sa résistance, mais il ne put y parvenir; pendant tout le temps que durèrent les négociations, il ne continua pas moins à s'occuper de son intendance, et à stimuler le zèle de ses préposés pour l'achèvement des travaux commencés sous ses auspices. Malheureusement le bruit s'était répandu que l'Auvergne allait perdre un si excellent administrateur; une sorte de malaise et de découragement paralysait les principaux fonctionnaires; la lettre suivante, pleine de naturel et de naïveté, donnera l'idée de la tristesse générale.

Monseigneur,

« Il n'est pas surprenant que les travaux de Mauriac, de même que les autres, n'aillent point aussi bien que vous le voudriez et que je le désirerais ; mais la crainte de vous perdre produit un tel découragement sur les esprits, que les supérieurs de ces travaux n'ont plus la force de commander, que les pauvres en gémissent d'avance, et que toutes les villes où ils sont établis sont dans la plus grande consternation. Quelquefois on se rassure : des nouvelles apprennent qu'il n'y a rien de décidé sur cet objet ; alors, on fait autant d'ouvrage le lendemain que l'on en a quelquefois fait dans une semaine.

« M. de Besigny vient voir de temps en temps nos travaux, et il dit, comme M. de St-Vincent, que vous êtes le seul peut-être qui ayez eu le secret de faire vivre les pauvres en remplissant deux objets à-la-fois. Enfin, tous ces éloges, Monseigneur, produisent sur les esprits la joie et la crainte, le bonheur de vous avoir et le malheur peut-être de ne vous avoir plus. »

Je suis, avec un profond respect,

MONSEIGNEUR,

Votre très-humble, etc.,

GODARD, *l'un des notables.*

XVIII

Une lettre de tous les notables d'Auvergne, réunis en assemblée générale, écrite dans le même sens que la précédente, fut envoyée à M. de Montyon; on distinguait parmi les signatures celle de M. le lieutenant-général de Vaissière, de M. de Rochebrune et de tous les échevins de St.-Flour.

Le désir de plaire à M. de Montyon avait redoublé l'activité de ceux qui dirigeaient les travaux; les promenades étaient presque terminées, et les deux villes demandèrent spontanément à leur intendant la permission de leur donner son nom.

Sa réponse modeste, naturelle et simple, porte son cachet.

Monsieur,

« Le projet que deux villes ont formé, par reconnaissance pour moi, d'appeler de mon nom les promenades auxquelles on travaille, est un rêve de sentiment dont je suis très-flatté, et je vous prie de vous charger, auprès de vos compatriotes, de mes remercîments que j'ai empressement de leur renouveler de vive voix.

« Au reste, il ne s'agit pas actuellement de nommer les promenades, mais de les finir; que cet ouvrage soit utile, que les pauvres soient nourris, que vos deux villes s'embellissent et soient heureuses, que vous ayez tous pour moi quelque amitié, je suis très-satisfait. »

J'ai l'honneur d'être, etc.

Signé : De Montyon.

L'abbé Terray se trouvait dans un grand embarras : il avait des motifs secrets pour que l'intendance d'Auvergne fût confiée à un homme parfaitement d'accord avec lui sur le nouveau système parlementaire; d'un autre côté, il ne pouvait ravir à M. de Montyon une place qu'il remplissait depuis deux ans aux acclamations de toute la province. Il chercha donc à lui persuader que cette intendance était au-dessous d'un mérite comme le sien, et qu'il devait en avoir une de première classe. Il obtint du roi le bon suivant.

1ᵉʳ juillet 1770.

« Les travaux et les services de M. de Montyon l'autorisent à faire la demande de changer à la première occasion son intendance contre une autre, dont l'agrément ne puisse être considéré que comme une marque de satisfaction du roi. Celles d'Amiens, Bordeaux, Châlons, Dijon, Lyon, Montpellier, Orléans, Paris, Rouen, Soissons, Aix et Tours, rempliraient cet objet ; je supplie sa majesté de vouloir bien lui assurer la première qui deviendra vacante. »

De la main du roi,

BON.

Pour ampliation,

TERRAY.

Dès que l'on apprit en Auvergne la perte que l'on allait faire, la consternation (le mot n'est pas exagéré) s'empara de tous les esprits : l'expression des regrets parvint sous toutes les formes à celui qui aurait eu lui-même besoin d'être consolé : la douleur de la province fut consignée sur tous les registres comme elle éclatait sur tous les visages ; des poèmes, des élégies, des épîtres, des lettres de condoléance lui furent adressés de toutes les contrées où il avait répandu le bonheur et l'abondance. Sa réponse à ces témoignages touchants de la tristesse publique, fut un nouvel envoi de secours pour les pauvres : ses adieux furent encore des bienfaits.

Les deux principales villes voulurent perpétuer le souvenir de son administration et de leur reconnaissance. Les échevins de Mauriac écrivirent en ces termes à leur compatriote Marmontel.

Monsieur,

« Les bontés de M. de Montyon, intendant d'Auvergne, qui ont produit de si heureux effets dans ces temps désastreux, nous engagent à en conserver la mémoire sur le marbre. Ce n'est qu'à vous, Monsieur, que nous osons nous adresser, nous fondant tant sur la qualité de compatriote, que sur la connaissance que nous avons de vos rares talents. Il n'appartient qu'à un génie tel que le vôtre, Monsieur, de peindre un grand homme. M. de Montyon a trouvé le secret d'embellir notre ville dans le temps de la misère la plus affreuse qui ait jamais existé, et d'arracher, par ces travaux, d'entre les bras de la faim, une foule de malheureux. Daignez, Monsieur, perpétuer notre reconnaissance par quelqu'un de ces traits que vous savez rendre à jamais durables; votre nom, ainsi que celui de Montyon transmis à la postérité, feront que nos derniers neveux porteront envie au siècle qui a eu le bonheur de vous posséder. M. de Tournemine, son subdélégué, qui s'est donné beaucoup de soins, mérite aussi que nous lui en marquions notre sensibilité. Veuillez, Monsieur, exaucer notre demande, et nous procurer l'occasion de vous en témoigner notre reconnaissance. »

Nous avons l'honneur d'être, etc.

Signés : Bertin et Delaloz, *échevins.*

Mauriac, ce 14 mai 1771.

Marmontel ne fit pas attendre sa réponse, c'est celle d'un homme de talent et d'un homme de bien.

Messieurs,

« L'empressement avec lequel je réponds à la confiance dont la ville de Mauriac daigne m'honorer, lui prouvera combien j'y suis sensible.

Témoignez-lui, je vous prie, le plaisir que j'ai de pouvoir une fois prouver ma reconnaissance à la ville qui a été le berceau de mes faibles talents; je n'oublierai jamais que j'ai puisé dans son sein le goût de l'étude et l'amour des lettres.

« Une circonstance non moins intéressante pour moi, c'est mon attachement pour l'homme vertueux auquel votre hommage s'adresse. Personne ne connaît mieux que moi cette ame sensible et bienfaisante, son intégrité, sa candeur. Un homme d'état, sans ambition, aussi dévoué à son roi qu'à son pays, tout occupé du soulagement des peuples dont il est le père, et qui porte à la cour et dans les conseils le courage de la vérité, est un trésor que j'envierais à l'Auvergne, ma seconde patrie, si le Limousin n'avait pas le bonheur d'en posséder un pareil (1). J'aurais voulu peindre M. de Montyon tel que je le connais; mais les bornes d'une inscription

___

(1) Cet éloge s'adressait à M. Turgot, alors intendant du Limousin.

ne me l'ont pas permis. Heureusement le fait dépose en sa faveur, et il suffit à son éloge. »

Je suis avec respect, etc.

Signé : MARMONTEL.

Paris, ce 31 mai 1771.

INSCRIPTION.

Aux rigueurs de l'hiver opposant sa bonté,
    Un ami de l'humanité
A ces heureux travaux occupa l'indigence :
Montyon, ton active et sage intelligence
Éclairait Tournemine; il t'a bien imité !
Qu'à jamais, cette pierre inviolable et sainte,
    Fasse lire aux siècles futurs,
Que, sans toi, tout un peuple eût péri dans les murs
    Dont il a décoré l'enceinte.

C'est à Thomas que la ville d'Aurillac eut recours pour le même objet, et son inscription n'est ni moins touchante ni moins poétique que celle de son illustre ami :

Nourrir un peuple entier, de famine expirant,
    Par les mains de ce peuple embellir une ville,
        Rendre le malheur même utile;

Enfin par ses vertus faire adorer son rang :
Montyon, ce fut ton ouvrage !
Puisse ce monument, à jamais respecté,
Transmettre à la postérité,
Nos maux et tes bienfaits, ta gloire et notre hommage.

De l'intendance d'Auvergne il passa à celle de Provence, et il resta dans ce pays, trop peu pour exécuter les améliorations qu'il projetait, assez pour mériter les remercîments et les regrets de la classe la plus pauvre des villes et des campagnes.

Cette intendance lui fournit de nouvelles occasions de déployer toutes ses ressources administratives. La cherté des subsistances ayant décidé le ministre à suspendre la liberté du commerce des grains, cette mesure allait ruiner le port de Marseille; l'intendant différa, sur sa responsabilité, l'exécution de cet ordre, et son heureuse désobéissance eut les effets les plus salutaires.

Les chaleurs accablantes du Midi avaient altéré sa santé, et lui avaient causé une maladie inflammatoire; on lui donna l'intendance de la Rochelle ; ses amis réclamèrent l'exécution des promesses du roi, et représentèrent que la transition trop brusque de la température méridionale, à un climat humide et froid, pourrait mettre sa vie en danger; le premier ministre lui écrivit: « que si le roi l'avait nommé à la « Rochelle, c'est qu'il avait voulu qu'en atten- « dant l'évènement d'une meilleure vacance, ses « talents ne restassent pas sans objet; qu'au reste « S. M. trouvait bon, que jusqu'à l'exécution de « ses promesses, il ne résidât à la Rochelle qu'au- « tant que sa santé le lui permettrait. » Le ministre ajoutait, « que le roi lui accordait une aug- « mentation de pension de quatre mille francs, « pour lui prouver sa satisfaction des services « qu'il avait rendus dans les provinces dont il « avait été intendant. »

Au mois de mai 1774, Louis XV mourut, et M. de Montyon crut qu'il était de son devoir, dans les premiers moments d'un nouveau règne, de ne pas abandonner son intendance aux soins d'un subdélégué. Il se rendit à la Rochelle, et fit en moins de quinze mois ce que bien d'autres n'auraient pas fait en dix ans. Il diminua les charges dont la ville était écrasée, rétablit dans ses finances l'ordre le plus parfait, et reçut plusieurs lettres de félicitation des ministres de Louis XVI.

C'est à cette époque qu'il éprouva le plus grand chagrin qu'il ait eu de sa vie. Une des intendances qu'il désirait vivement, dans l'espoir d'y faire encore plus de bien, vint à vaquer; il n'en fut pas instruit : le roi auquel on avait laissé ignorer les promesses de son aïeul, en disposa pour un autre. Plus on a l'ame élevée, plus un oubli semble pénible : M. de Montyon fut blessé jusqu'au fond du cœur, et huit jours après, il fit parvenir au roi par M. de Malesherbes le mémoire suivant :

Sire,

« Il n'est pas surprenant que dans un grand État comme celui de votre Majesté, quelques actions louables restent inconnues ou sans récompense; mais si tel était l'ordre des choses, que le zèle et les services fussent traités comme des fautes, et ne fussent payés que par des disgraces, le malheur d'un particulier deviendrait la cause publique; il deviendrait celle même du souverain, puisque ces exemples énerveraient un des grands moyens qu'il ait en ses mains pour assurer le bien de son service.

« Tels sont les motifs qui me déterminent à

mettre ma situation sous les yeux de votre Majesté, et à user du droit qui appartient à chacun de vos sujets, et plus particulièrement aux commissaires que votre Majesté envoie dans les provinces.

« Depuis que j'ai l'honneur d'être revêtu de ce titre, j'ai été dépouillé trois fois de mon état; sort inouï jusqu'à moi. Il faut que je sois ou le plus méchant des hommes, ou l'un des plus malheureux. Il m'est important que ma conduite soit connue et qu'elle soit mise en parallèle avec le sort que j'éprouve; car sous un gouvernement aussi respecté que celui de votre Majesté, un traitement rigoureux peut être considéré comme un acte de justice.

« Pendant que j'étais intendant en Auvergne, cette province, celle du royaume qui supporte la taille la plus forte proportionnellement à son revenu, vit se joindre à ce malheur celui d'une disette, telle que, dans ces derniers temps, aucun autre pays en France ne l'a connue; le blé a été porté à 72 fr. le septier de Paris, et plusieurs habitants ont été réduits à manger de l'herbe.

« Les crises de l'humanité sont toujours des moments fâcheux et dangereux pour l'administration;

j'ai été assez heureux pour que toutes les mesures que j'ai prises dans l'intérêt de la province aient réussi. Le ministère a été satisfait de ma conduite, et les cantons affligés de ce fléau m'ont marqué leur reconnaissance (même depuis que j'ai quitté ce département) par des preuves publiques, qui font plus d'honneur à leurs sentiments qu'à mes soins qui n'étaient qu'une dette.

« Les peines que me causaient ces circonstances cruelles altérèrent ma santé : une fièvre accompagnée d'accidents graves me menaçait d'une mort prochaine, et cependant n'interrompait point mon travail; dans un redoublement de 14 heures où l'on parlait de m'administrer, j'en ai passé sept à travailler; c'est ce jour ou le lendemain qu'on a pris pour m'ôter mon intendance.

« Une lettre ministérielle m'apprit que les circonstances avaient exigé que je fusse privé de ma place pour qu'un autre en fût gratifié; le ministre en accordant des éloges à ma conduite, ajoutait que le roi avait pensé que je me prêterais à cet arrangement, d'autant que sa Majesté dès l'année précédente m'avait assuré la première intendance considérable qui viendrait à vaquer.

« Dans le mois de septembre 1771, je fus nommé

à celle de Provence, et j'eus ordre de m'y rendre.

« Le port de commerce le plus considérable que votre Majesté ait sur la Méditerranée, était en ce moment dans la détresse; un impôt dont le produit était destiné au curage avait été supprimé, les ministres des finances et de la marine se renvoyaient la charge de fournir les fonds; cependant le port s'encombrait, et un navire y échoua. Le commerce était désolé, mais il n'était pas en mon pouvoir de remédier au mal. Ce que je ne pouvais pas comme administrateur je l'ai fait comme particulier, j'ai donné des ordres pour le curage du port dans la forme ordinaire, et j'ai payé de mon argent; depuis, cette dépense m'a été remboursée par les ordres du ministère.

« Les craintes sur la subsistance des peuples étaient encore très-vives; elles portèrent le contrôleur-général à donner, au nom du roi, un ordre qu'il écrivit de sa main pour en rendre l'exécution plus assurée, et dont l'objet était de suspendre la liberté du commerce de Marseille: cette ville, effrayée de ces défenses, eut recours à moi, et ses administrateurs me demandèrent de les tirer de la situation pénible dans laquelle ils se trouvaient, se voyant obligés de compromettre l'existence de la province et d'une partie du royaume, ou de répondre des événements, et d'encourir l'animadversion du roi.

« Je leur répondis, et ma lettre est déposée dans leurs archives, que je sentais combien leur situation était difficile; mais que commissaire du roi je n'avais et ne pouvais avoir de volontés que les siennes, qui venaient de leur être manifestées directement par son ministre; que je ne me dissimulais pourtant pas que cette réponse qui me tirait d'embarras les y laissait, et qu'elle ne répondait ni à mon amitié pour eux, ni à mon zèle pour la province; que je sentais qu'il était des circonstances graves où il fallait s'exposer, et qu'ils allaient me connaître; qu'ils pouvaient laisser subsister dans leur port la liberté pour l'entrée et la sortie des grains comme avant les ordres de la cour; que je prenais l'événement sur moi; que, pour leur décharge, ils étaient libres de déposer ma lettre dans leurs archives, et d'en envoyer copie au ministre.

« En même temps je pris différentes mesures pour prévenir et les malheurs et les inquiétudes; j'envoyai à M. le contrôleur-général copie de ma lettre, et, après lui avoir rappelé les obstacles que

j'avais rencontrés, je terminais ainsi : « Ma con-
« duite doit vous prouver que nulle considéra-
« tion ne peut me rendre timide lorsqu'il s'agit
« du bien du service. » Je fus plus d'un mois sans
avoir réponse: cependant mes spéculations réus-
sirent; il entra à Marseille huit ou dix fois plus
de grains qu'il n'en sortit, et je reçus une longue
lettre de la main du ministre approbative du
parti que j'avais pris.

« Six semaines après, une autre lettre du
même ministre m'apprit que le roi m'ôtait ma
place, et m'envoyait à la Rochelle.

« Né sans ambition, ennuyé et fatigué des contradictions et des revers, je pris le parti de renoncer à tout état : je le déclarai au ministre, qui
refusa d'en rendre compte à sa Majesté, et l'intendance de la Rochelle resta vacante; enfin les
sollicitations et l'opinion de mes amis l'empor-
tèrent sur mes sentiments, je pris cette intendance. Mon traitement me fut conservé; il fut
déclaré que je n'étais à la Rochelle que jusqu'à
ce qu'il vaquât une des places qui m'étaient
assurées, et jusqu'à ce moment je fus dispensé
de m'y rendre. Ces arrangements sont consignés
dans une lettre ministérielle écrite d'après l'ordre
du roi.

XXXIII

« Cependant j'ai cru que ma présence pourrait être utile à la Rochelle : je n'ai consulté que l'intérêt de l'état ; le ministre de votre Majesté m'a écrit à cette occasion qu'il lui en rendrait compte, et m'a répondu de la satisfaction qu'elle aurait de cette marque de zèle.

« La fièvre et le renouvellement d'anciens accidents de poitrine ont pensé me rendre mon dévouement funeste ; j'ai du moins la consolation que mon travail n'a pas été infructueux. Je suis en état de prouver que toutes les parties d'administration de ce département sont sur un meilleur pied qu'elles n'étaient lorsque je l'ai pris. J'ai fait plusieurs opérations dont il est résulté pour votre Majesté, ou pour la province, des avantages de 30, 40, ou 50 pour cent ; le bénéfice que la ville de la Rochelle a retiré du changement de son bail des octrois est estimé monter à 399,000.

« Tandis que je me livrais ainsi tout entier à l'accomplissement de mes devoirs, votre Majesté que l'on n'a pas instruite, j'en suis convaincu, des paroles sacrées et réitérées que j'ai reçues, a disposé de la place qui m'était assurée de la manière la plus authentique.

« Je ne crois devoir ajouter à cet exposé aucune réflexion, aucune demande, aucune plainte. Du reste, si, dans les trois départements où j'ai servi, il est une seule personne qui puisse articuler la moindre injustice qui procède de moi; si, dans ce mémoire, il est un seul fait qui soit contraire à la vérité, je consens à perdre la vie, mes biens et l'honneur. »

Signé : A. DE MONTYON.

Louis XVI, après avoir lu ce mémoire, ne fit pas attendre au signataire la justice qui lui était due; il donna ordre qu'on lui écrivît une lettre remplie des témoignages les plus flatteurs de sa satisfaction, et le nomma conseiller d'état. Un prince que le roi et la France aimaient et respectaient comme le modèle de toutes les vertus, Mgr le duc de Penthièvre, aïeul de Mgr le duc d'Orléans, avait parlé à Louis XVI avec la plus grande chaleur de tous les services rendus par M. de Montyon, pour lequel il avait conçu une rare estime, et qui à son tour le connaissait bien, car on a trouvé dans ses papiers ce portrait d'une touche délicate et de la plus parfaite ressemblance.

XXXV

« La physionomie de M. le duc de Penthièvre annonce de l'esprit, de la douceur, et même un peu de coquetterie ; on dirait qu'il vous oblige en vous regardant, et lorsqu'il vous a parlé, vous vous sentez attiré à l'aimer autant qu'à le respecter (1).

« Voilà ce que j'ai éprouvé au premier aspect ; mais lorsque ses bontés m'ont donné des rapports plus particuliers avec lui, j'ai trouvé que son ame était au-dessus de tout le reste, qu'il était mille fois supérieur à tout ce que sa figure annonçait, à tout ce que ses manières laissaient entrevoir. Cette ame est d'une trempe si peu commune, que je ne trouverai point l'expression qu'il faudrait pour ce que je vois, et encore plus pour ce que je sens ; toutes les vertus y sont dans un équilibre parfait, parceque la sagesse les contient toutes dans les bornes qu'elles ne peuvent franchir sans devenir vice ou défaut.

---

(1) C'est sur M. le duc de Penthièvre que l'un des hommes les meilleurs et les plus spirituels qu'il y ait en France, M. Després, a fait ces deux jolis vers :

La Providence un jour calomniée
Donna Penthièvre au monde et fut justifiée.

C.

Généreux sans prodigalité, pieux sans minutie, tendre sans faiblesse, modeste avec dignité, chez lui, actions, paroles, maintien, regards, tout est à sa place; il semble que rien ne pourrait être autrement.

« Ce prince m'a paru un être si différent des autres hommes, que pendant deux années, j'ai plus d'une fois, je l'avoue, épié ses défauts pour essayer de consoler mon amour-propre : recherche vaine; mes observations n'ont servi qu'à me faire mieux sentir sa supériorité, et je me suis dit que je ne devais point aspirer à une perfection fondée par la nature dans un de ses plus heureux moments. »

M. de Montyon partageait tous ses instants entre les travaux que réclamait l'accomplissement de ses devoirs, et ceux auxquels il se livrait pour satisfaire ses goûts. Jamais homme ne connut mieux le prix du temps; il n'aimait pas à le perdre en discussions vaines, et quand il questionnait ses secrétaires ou les personnes qui venaient le solliciter, il exigeait des explications courtes et claires; lorsque l'un d'eux s'embarrassait dans sa réponse, il lui disait avec une sorte d'impatience. — « Allons ! expliquez-vous

« donc; il me semble qu'il est bien aisé de dire,
« oui, non, ou je ne sais pas. »

En 1778, il fit un ouvrage intitulé : Recherches et Considérations sur la population de la France, et, pour connaître plus sûrement l'opinion générale, il le publia sous le nom de M. M***, son secrétaire. Ce livre eut un tel succès que l'on crut devoir récompenser celui qu'on en supposait l'auteur en le nommant chef d'une grande administration; il ne profita pas long-temps de la méprise; il fit de telles bévues dans ses nouvelles fonctions, qu'on ne tarda pas à s'apercevoir qu'il avait bien pu copier l'ouvrage sur la population, mais qu'il ne l'avait certainement pas écrit; la place fut donnée à un autre.

En 1812, M. le comte Daru a reproché aux commissaires du sénat, chargés des dénombrements, de ne s'être pas conformés aux principes établis dans le livre de M. ***. Cet ouvrage a été traduit en plusieurs langues.

Dans le cours de la même année (1778), M. de Montyon concourut pour le prix de l'Académie française, dont le sujet était l'éloge du chancelier de l'Hospital. Il eut l'accessit : le prix fut donné à un abbé qui peignait le chancelier comme un athée. L'archevêque de Paris se crut obligé d'interdire les docteurs de théologie qui avaient approuvé le discours. Madame du Deffant a fait dans ses lettres l'éloge de l'accessit, et lui a donné le prix que l'Académie lui a refusé.

En 1780, S. A. R. Mgr le comte d'Artois, aujourd'hui Charles X, heureux de pouvoir dédommager M. de Montyon des injustices qu'il avait éprouvées sous le règne précédent, le nomma, de l'agrément du roi, chancelier, chef de son conseil. Cette charge lui fut accordée avec dispense d'en fournir la finance, comme c'était alors l'usage; mais le nouveau titulaire répondit à une pareille faveur, par une grande preuve de désintéressement; il renonça aux appointements de sa place, et pendant les neuf années qu'il l'occupa, il ne toucha jamais que les frais de bureau. Aussitôt après sa nomination il voulut s'attacher comme secrétaire M. Desain, aujourd'hui maire du 7e arrondissement de Paris, et qui travaillait alors chez un notaire. M. de Montyon avait remarqué en lui des qualités qu'il appréciait. Ce jeune homme fut, comme on le pense, très-flatté d'une pareille proposition;

mais il désira consulter son père, qui occupait à Reims une des premières places de la magistrature. Celui-ci lui répondit que le choix de M. le Chancelier était sans doute très-honorable, mais qu'il voulait que son fils tînt à une administration, et non à un particulier quelque puissant qu'il fût. Le jeune Desain un peu contrarié fit part à M. de Montyon des intentions de son père. — « Je ne l'en estime que davantage, répondit le Chancelier, il a raison, il pense avec solidité : restez où vous êtes, et je tâcherai de faire naître une occasion de vous être utile. » Deux ans après, la place de secrétaire du conseil vint à vaquer, il la fit obtenir à M. Desain, qui l'a occupée jusqu'à la révolution, et qui a reçu constamment de M. de Montyon, même depuis sa rentrée en France, des preuves réitérées d'estime et d'intérêt. Les personnes qui existent encore, et qui ont siégé dans le conseil près du Chancelier, ne peuvent assez dire avec quelle sagacité il approfondissait les questions, et avec quel art il les résumait. Son avis était presque toujours le meilleur; mais quand on lui démontrait qu'il s'était trompé, il en convenait avec la bonne foi d'un homme supérieur, et il adoptait sans peine une autre opinion. Il prouva, dans une occasion importante, quel prix il attachait au secret des délibérations, et à la solidarité des résolutions arrêtées en commun. Un jurisconsulte voulut lui remarquer qu'un des actes consenti par le conseil renfermait une cause de nullité. M. de Miromesnil opina pour que l'acte fût maintenu; son avis ne prévalut pas; la personne dont cette décision blessait les intérêts vint le trouver, et ne put se contenir dans les bornes de la modération. Le Chancelier l'entendit avec le plus grand calme; il aurait pu d'un mot changer son mécontentement en reconnaissance, s'il avait voulu lui apprendre les efforts qu'il avait faits pour soutenir sa cause, mais il aurait rougi de se séparer de la majorité; il se regardait comme solidaire de toutes les résolutions prises, et il aima mieux s'exposer aux reproches véhéments d'un homme irrité, que de révéler un secret dont il était dépositaire, ou d'attaquer une décision du conseil.

En 1787, il devait être nommé garde des sceaux; on lui fit, à cet égard, des ouvertures de la part du roi; il répondit avec modestie : « Dites à S. M. que je suis touché de ses bontés. « Si je fais un peu de bien dans la place que j'oc-

« cupe, c'est que je ne suis pas en évidence ;
« en acceptant celle qu'on me propose, je serais
« exposé à toutes les intrigues, à toutes les caba-
« les de l'envie; je n'aurais, peut-être, ni le talent
« ni la force nécessaires pour y résister; dans le
« doute, je dois m'abstenir. »

Dès 1788, il avait eu le pressentiment de nos troubles civils; on lui adressa même des menaces personnelles; il avait prévu qu'il serait forcé de quitter la France; cette prévision lui donna le temps de mettre en sûreté une partie de la fortune qu'il avait déjà si utilement employée, et qu'il devait augmenter encore par les calculs de la sagesse et par les chances du bonheur.

Avant de suivre M. de Montyon dans les pays qu'il va parcourir, qu'il me soit permis, en jetant un regard en arrière, d'arrêter la pensée de mes lecteurs sur les belles fondations qu'il avait faites, sur les prix d'utilité publique qu'il avait institués, toujours en gardant l'anonyme, auquel il tenait comme la pudeur à son voile.

1° En 1780, il fonda un prix annuel pour des expériences utiles aux arts, sous la direction de l'Académie des sciences, et il y consacra une

rente perpétuelle sur le clergé au capital de
12,000 fr., ci .... 12,000.

2° En 1782, un prix annuel en faveur de
l'ouvrage de littérature dont il pourrait résulter
un plus grand bien pour la société, au jugement
de l'Académie française : rente sur la tête du
roi au capital de 12,000, ci.......... 12,000.

3° Même année (1782), un prix en faveur
d'un Mémoire ou d'une expérience qui rendrait
les opérations mécaniques moins malsaines pour
les artistes et pour les ouvriers (1), au jugement de
l'Académie des sciences : une rente viagère sur
la tête du roi et celle de $M^{gr.}$ le dauphin, au capital de 12,000, ci 12,000

4° En 1783, aux pauvres du Poitou et du
Berry, 1200 fr., ci................. 1200

5° Même année (1783), six cents francs de
rente viagère à un homme de lettres que le do-
nateur ne connaissait pas, et qui n'a pas su de
qui il recevait... 8,000 fr., ci........ 8,000.

---

(1) Louis XVI fit écrire à l'Académie des Sciences, par
M. Amelot, secrétaire d'état, qu'il voyait avec la plus
grande satisfaction cet acte de bienfaisance, et qu'il avait
regret de n'en avoir pas eu lui-même l'idée.

6° Même année (1783), un prix en faveur d'un Mémoire soutenu d'expériences, tendant à simplifier les procédés de quelque art mécanique, au jugement de l'Académie des sciences : une rente viagère sur la tête du roi et celle de Mgr. le dauphin, au capital de 12,000 fr., ci... 12,000.

7° Un prix pour un acte de vertu d'un Français pauvre, rente sur le clergé au capital de 12,000 fr., ci...................... 12,000.

8° En 1787, un prix annuel sur une question de médecine, au jugement de l'école de médecine (1) : une rente perpétuelle sur le clergé au capital de 12,000 fr., ci............ 12,000.

Total............... 81,200 f.

Voilà l'homme que des méchants menaçaient de leurs violences; il s'expatria, mais il se vengea d'une manière digne de lui. Son absence même fut utile à son pays, et jamais il ne le priva, ni

---

(1) Le dernier prix qui ait été décerné pour une question de médecine fut donné, le 19 février 1793, à M. le docteur Beauchêne, auteur d'un ouvrage sur le *rachitisme* : le prix payé, il restait en caisse 1060 francs, qui furent versés au trésor dans le cours de la même année.

de ses ouvrages, ni de ses conseils, ni de ses bienfaits.

C'est à Genève qu'il passa les premières années de son émigration; il y était encore lorsqu'il obtint, en 1792, le dernier de tous les prix que l'Académie française ait donnés, et qui avait été remis cinq années de suite. Le sujet était : *Les conséquences qui ont résulté pour l'Europe de la découverte de l'Amérique, relativement à la politique, à la morale et au commerce* (1). L'auteur ne se nomma point, mais il fut reconnu, parce qu'au lieu de prendre le prix, qui était de mille écus, il le destina à celui qui trouverait, au jugement de l'Académie des sciences, *les meilleurs moyens ou les meilleurs instruments, pour économiser et suppléer la main d'œuvre des Nègres*.

Le bruit des armes vint le troubler dans l'asyle qu'il avait choisi; il se réfugia à Londres; il y resta jusqu'à la restauration, et ne manqua jamais d'envoyer, chaque année, dix mille francs en Auvergne, et de distribuer dix autres mille

---

(1) Cet ouvrage fut imprimé à Genève.

francs dont il faisait deux parts, savoir : cinq mille francs pour ses camarades d'émigration, et cinq mille francs pour ses compatriotes, que le sort des armes amenait prisonniers en Angleterre : la France et le malheur, voilà ce qu'il voulait secourir, sous quelque drapeau qu'il les rencontrât.

En 1796, il publia son Rapport au Roi : cet ouvrage obtint un succès universel, et jouit encore d'une grande célébrité. Une anecdote piquante se rattache à sa publication. Des personnes, dont le bonheur est de tout critiquer, disaient ouvertement que l'auteur avait eu le plus grand tort de combattre quelques doctrines du *Tableau de l'Europe* de M. de Calonne, et n'hésitaient pas à condamner l'ouvrage comme n'étant pas assez monarchique. Elles furent bien surprises d'apprendre que M. de Montyon ayant adressé son manuscrit à S. M. Louis XVIII, le roi en avait été si content, qu'il l'avait fait imprimer. Cet éloge en action fit taire l'envie; réduite au silence sur l'ouvrage, elle essaya d'attaquer l'auteur en lui supposant des vues d'ambition. Il avait prévu cette calomnie, il y répond à la dernière page de son livre.

« Si ce Rapport était connu d'autres personnes que de Votre Majesté et de son conseil, pour qui il est destiné, peut-être la méchanceté, qui censure les intentions, et attaque le caractère pour décréditer les opinions, attribuerait cet écrit à la vanité d'être sous les yeux de Votre Majesté le défenseur d'une cause célèbre, ou à des vues d'ambition, et à un esprit de flatterie: dans la perspective de tout événement, je répondrai d'avance à ces imputations, et je n'y répondrai que par des faits.

« Ma vie, dont le cours commence à s'avancer, n'a pas eu un grand éclat: peut-être en a-t-elle eu trop pour mon bonheur: cependant, si je puis me féliciter de quelques actions louables, j'ai pris plus de soin pour les cacher, que d'autres n'en ont pris pour en cacher de répréhensibles. Celles de mes actions qui ont eu une publicité indispensable, prouvent que je n'ai point l'ame servile. J'ignore si Votre Majesté a été instruite que le prince son frère m'ayant fait l'honneur de me choisir pour son chancelier, place que je n'avais point demandée, j'ai donné aux personnes chargées de ses affaires, un exemple de désintéressement, et que même pour prouver à ce prince le zèle le plus pur, je me suis fait une loi de n'obtenir aucune grace, ni de lui, ni par lui.

« Je n'étendrai pas plus loin ces détails qu'il me coûte de rapporter : mais afin d'éviter à la malignité des torts inutiles, je supplie votre Majesté de permettre que je déclare ici que je ne demande, ni pour le présent, ni pour l'avenir, aucune autre place que celle dont je suis honoré, et que jamais je n'en accepterai aucune. Je crois devoir servir ainsi mon roi dans le malheur, convaincu que je sers ma patrie et l'humanité. »

En 1801, il obtint le prix proposé par l'académie de Stockholm, sur la question de savoir quel jugement devait être porté sur le 18e siècle.

Vers la fin de la même année (1801), ayant lu, dans les papiers publics, que S. A. R. Madame, duchesse d'Angoulême, avait vendu, en partant précipitamment de Mittau, des diamants et des objets précieux, M. de Montyon s'empressa d'écrire à l'auguste fille de Louis XVI (et cette fois, il fut obligé de se nommer), pour mettre à ses pieds une partie de ce qu'il possédait. Madame la duchesse de Sérant lui fit la réponse suivante :

XLVIII

Varsovie, 10 octobre 1801.

« Madame la duchesse d'Angoulême me charge, monsieur, de vous mander qu'elle est très-sensible à la lettre que vous avez adressée à M. d'Avaray, et à l'hommage qu'elle contient : lorsqu'au départ de Mittau, son Altesse royale fit le sacrifice d'objets précieux, ce ne fut pas pour sa personne, mais pour celle du roi, son oncle, et le soulagement de ses fidèles serviteurs qu'un changement de position plongeait dans la misère. Vous la reconnaîtrez facilement à ce trait. S. A. R. me charge de vous dire que si elle n'accepte pas la preuve de dévouement que vous lui donnez, elle ne vous en sait pas moins gré.

« Je profite de cette occasion pour vous assurer des sentiments avec lesquels j'ai l'honneur d'être

MONTMORENCY, Duchesse de Sérant.

Quoique la publication de ses différents ouvrages réclamât en grande partie l'emploi de ses loisirs, il lui en restait assez pour la société qui avait toujours tant de plaisir à l'entendre; une sage distribution de son temps lui permettait de suffire à tout.

XLIX

Il se trouvait un soir à Londres chez Madame de ***, avec quelques-uns de ses amis. Cette dame émigrée, fort riche en France, et fort malheureuse en pays étranger, raconta qu'elle avait formé le projet d'aller à Paris pour tâcher d'obtenir du premier consul la restitution de ses bois non vendus; elle était si pauvre qu'elle ne pouvait faire le voyage; on se cotisa; il lui manquait encore cinq guinées. « Qui m'aurait dit, s'écriait-elle avec un profond soupir, qu'une femme qui avait 300,000 francs de rente se trouverait hors d'état de retourner en France, faute de cinq guinées? » M. de Montyon, qui ne voulait jamais obliger que sous le masque, ne dit rien, mais le lendemain Madame de *** reçoit un bon de cinq livres sterling; elle part, réussit dans tous ses projets, et revient à Londres pour terminer quelques affaires; elle rassemble ses amis, et sans affectation, sans qu'elle puisse rien soupçonner, M. de Montyon lui rappelle le prêt des cinq guinées. — « Avez-vous cherché à savoir, lui dit-il, de qui vous les aviez reçues? — Je vous dirai franchement que non, elles ne peuvent m'avoir été envoyées que par un véritable ami, et en pénétrant ce mystère, j'aurais craint de l'affliger,

— Oui, sans doute, vous l'auriez affligé, si vous aviez cherché à le connaître, et que vous fussiez restée pauvre; mais, vous avez retrouvé votre fortune, il faut tâcher de savoir le nom du prêteur. — Pourriez-vous m'aider à le découvrir? — Vous n'iriez pas bien loin. — Serait-ce vous? — Comme vous dites, et je vous redemande mes cinq guinées. » — Madame de *** les lui rendit, et il les donna le lendemain à un pauvre prisonnier français. Cet homme, si généreux de ses propres richesses, prouvait ainsi qu'il était avare du bien des pauvres; il avait de la logique jusque dans sa bienfaisance; chez lui une bonne action en faisait naître une autre, et son trésor était, en quelque sorte, une caisse de prévoyance.

La littérature continuait à charmer tous les instants dont il pouvait disposer; en 1806, la Société royale de Gottingue ayant proposé un prix pour le meilleur ouvrage sur la question de savoir *quelle influence ont les diverses espèces d'impôts sur la moralité, l'activité et l'industrie des peuples*, il envoya un traité pour ce concours; il n'obtint pas le prix, par la singulière raison que l'on n'avait demandé, disait-on, qu'une brochure de dix à douze pages; mais on serait bien fâché qu'il n'eût pas fait le livre excellent que lui doit la France, et qui est plein de raison et d'aperçus lumineux; un résumé rapide prouvera de quelle utilité il peut être.

« L'impôt est une institution louable : c'est un sacrifice qui tourne à l'avantage de celui de qui il est exigé : bien ou mal dirigé, il électrise ou paralyse l'espèce humaine; il crée des vertus ou des vices.

« Les impôts peuvent subir une classification toute naturelle : dans la première se trouvent ceux qui sont justes et moraux : les uns sont destinés à donner des secours à la misère; les autres répriment les jouissances vicieuses et corruptrices : les premiers ont un caractère religieux, les seconds, un caractère moral : ceux-ci portent sur les abus de la richesse, ils sont philosophiques : ceux-là pèsent sur l'opulence pour alléger la médiocrité, ils sont équitables : enfin ceux qui donnent à la consommation ou au travail indigène une préférence sur l'étranger, sont une prérogative nationale, et peuvent être considérés comme des bienfaits de l'état social.

« Dans la seconde classe sont les impôts injustes qui portent sur les besoins et non sur les jouissances; qui exigent de la pauvreté ce qu'on ne

d.

devrait demander qu'à la richesse : ceux qui forcent les contribuables à recourir à l'usure, et grèvent les objets nécessaires à la vie, de façon à renchérir toutes les productions du travail; ceux enfin qui forcent les hommes à contribuer à des jouissances qu'ils ne partagent pas. »

En 1808, M. de Montyon concourut pour le prix proposé par l'Institut, et dont le sujet était l'éloge de Corneille; des considérations particulières firent écarter son ouvrage du concours, mais tous les journaux anglais, et particulièrement le *Montly Review*, mirent sa composition fort au-dessus de celles qui avaient obtenu le prix, l'accessit et la mention.

En 1811, il publia l'Exposé statistique du Tunquin, et en 1812, des particularités et observations sur les contrôleurs-généraux les plus célèbres. On y trouve des questions de politique et de finances traitées avec un rare talent et une grande supériorité d'esprit. On verra plus tard que Madame de Staël eut bien de la peine à lui pardonner le jugement qu'il porte de M. Necker. Voici comment l'auteur expose son plan:

« Une intention m'a guidé dans la composition de
« cet ouvrage : j'ai voulu rendre justice à ceux

« dont les opérations ont amélioré ou détérioré
« la fortune publique. J'ai recueilli un grand
« nombre de faits peu connus, et qui jetteront
« un grand jour sur cette partie si obscure de
« l'administration : j'ai attendu pour soumettre ces
« ministres à cette inspection, qu'aucun d'eux
« n'existât, parce que dans une dissection scienti-
« fique et morale, ainsi que dans une dissection
« physique, il répugne à la sensibilité d'opérer
« sur un être vivant. Les auteurs des change-
« ments dans l'ordre public, laissent après eux
« des sectateurs, des intérêts qu'il n'est pas possi-
« ble de contrarier sans s'exposer au moins à une
« indisposition muette et secrète, quelquefois plus
« à craindre qu'une haine ouverte; mais cette
« considération ne m'a point arrêté. Parvenu à
« un âge qui m'avertit que je vais bientôt être
« soustrait au pouvoir des hommes, n'ayant rien
« à en attendre, peu à en craindre, je me suis
« déterminé à la promulgation d'un acte de jus-
« tice envers les morts, et d'une leçon pour leurs
« successeurs, donnée par des exemples ; j'ai dé-
« siré, par une suite de sentiments dont j'ai tou-
« jours été animé, que même les derniers moments
« de mon existence ne fussent pas absolument
« stériles. »

La restauration le rappela dans sa patrie (1); il y retrouva avec une grande joie des amis qui l'avaient vivement regrettés; partout il était attendu avec empressement, désiré, invité. Ce vieillard plus qu'octogénaire, qui avait conservé le costume des anciens temps, toujours entouré d'un cercle nombreux, semblait être le représentant du dernier siècle, dont il racontait parfaitement l'histoire.

Sa mémoire prompte et sûre ne le trahissait jamais; il avait connu tous les hommes célèbres du règne de Louis XV; sa conversation semée d'anecdotes curieuses, pleine de souvenirs historiques et de traditions sûres, était fort attachante. Il se mêlait quelquefois aux discussions parlementaires, et disait souvent qu'il ne concevait pas comment un ministre restait plus d'une heure à

---

(1) Son âge ne lui ayant pas permis de reprendre les fonctions de Chancelier, chef du Conseil de Monsieur, il fut remplacé par M. le Baron de Bullainvilliers, que le Roi a nommé, depuis son avénement au trône, grand prévôt, maître des cérémonies des ordres: M. Desain a repris à la restauration sa place de secrétaire du conseil, qu'il a occupée jusqu'à la mort de Louis XVIII.

la tribune, et comment il n'était pas plus occupé de ce qu'il ne dirait pas, que de ce qu'il dirait.

A cette époque (1815), ayant rencontré dans un salon Madame de Staël qu'il avait connue très-jeune, et qu'il avait revue depuis à Londres, et s'étant aperçu qu'elle lui témoignait une extrême froideur, il lui en demanda la cause; elle ne répondit que par des demi-mots, et le lendemain il reçut la lettre qu'on va lire :

Paris, dimanche 8 janvier 1815.

Monsieur,

« Je sais apprécier plus que qui que ce soit votre esprit et vos rares connaissances; mais cet été, dans le travail que je fais pour la vie de mon père, j'ai été obligée de lire ce que vous avez écrit, ce que je m'étais interdit de voir à Londres pour jouir sans mélange de votre société, et qu'ai-je lu? l'article le plus injuste, le plus amer; je sais qu'il vous a été inspiré par un ressentiment personnel, mais est-il permis à un honnête homme de diffamer le plus vertueux des mortels, parce qu'il croit avoir à se plaindre de lui? Je respecte votre âge, mais cet âge est respectable parce qu'il met au-dessus des passions égoïstes. Vous m'accusez d'être mal pour vous; la vérité est que le plaisir très-réel que je trouve à causer avec vous m'a fait éloigner le moment de cette fatale lecture : si vous pouviez réparer, désavouer, je vous aimerais encore; mais ce que vous avez écrit est entré jusqu'au fond de mon ame, et, comme depuis ma naissance j'étais attachée à vous, cela m'a fait mal. »

Necker de Stael.

Dès le lendemain il répondit en ces termes (il avait alors quatre-vingt-un ans révolus) :

Madame,

« Vous m'avez écrit une lettre dure et violente; vous paraissez fort animée : permettez que je m'en rapporte au jugement que vous-même porterez de cette lettre quand vous serez plus à froid.

« Le livre par lequel j'ai eu le malheur de vous déplaire a été écrit dans l'intention de rendre l'inaction, à laquelle me réduisait ma position, utile à ma patrie autant qu'il était en mon pouvoir; et j'ai rempli cet objet en observant des fautes dans l'administration, science que j'ai étudiée pendant presque toute ma vie.

« J'ai dit et dû dire ce que je pensais, et, sur un sujet aussi important que celui que je traitais, il eût été coupable de taire ou dissimuler ma pensée. Depuis l'âge de 8 ans, il ne m'est pas arrivé de dire un seul mot que je ne crusse vrai, et dans cette occasion-ci je n'ai pas plus que dans les autres manqué à ce principe, mais il est très-possible que je me sois trompé.

« J'ai prévu que mon livre pourrait exciter des contradictions et des animosités, mais j'ai cru devoir faire ce sacrifice à mon patriotisme.

« Vous m'avez reproché verbalement d'avoir été ingrat envers Monsieur votre père; vous ne saviez pas apparemment que j'avais eu plus à me plaindre qu'à me louer des procédés ministériels de M. Necker, et c'est de ma part une expression modérée : au reste, que j'aie eu à me louer ou à me plaindre des personnes, cette considération n'a nullement influé sur le jugement que j'ai porté de leurs opérations.

« Je me suis refusé à publier mes opinions tant que ceux qu'elles pouvaient intéresser ont existé, parce que cela répugne à ma sensibilité. Les parents de MM. Silhouette, Terray, etc., etc. auraient des reproches à me faire plutôt que les parents de M. Necker, si aucun d'eux avait le moindre sujet de se plaindre, et s'il n'était pas permis de produire son opinion au moins sur les fautes d'une administration passée, moyen nécessaire pour son perfectionnement.

« Non-seulement je ne me suis point expliqué sur M. Necker avec humeur, mais je n'ai pas dit tout ce qui peut être susceptible de critique. S'il y avait une seconde édition, je ne pourrais m'empêcher d'y faire une addition, parce qu'il est indispensable de mettre au jour ce dont la notion peut être utile.

« J'ai éprouvé une vraie satisfaction en rendant justice à la force de tête de M. Necker, mais il n'est pas dans la nature de pénétrer, par la seule vigueur de la pensée, toute l'étendue d'une science, sans avoir lu les livres qui en traitent, sans en avoir conféré avec les personnes qui en sont les plus instruites, sans avoir suppléé par l'expérience au défaut d'instruction : le génie même a son territoire circonscrit, et Newton, quand il a traité de la chronologie, n'a plus été égal à lui-même traitant du monde physique.

« Vous avez pu remarquer que je me suis

fait un devoir de justifier M. Necker sur l'origine subite de sa fortune, et même à cet égard j'ai su des particularités certaines et peu connues, qui auraient pu, quoique mal à propos, faire une impression désavantageuse sur les esprits envieux de la gloire des hommes célèbres.

« La longueur de cette lettre doit au moins, Madame, vous convaincre du prix que j'attache à vos sentiments, et la manière modérée dont je réponds à l'amertume de vos reproches, prouve que je ne les mérite pas. Vos torts exigent de l'indulgence, puisque l'amour filial en est le germe. Tant que je vivrai, je vous aimerai, fût-ce malgré vous, parce que vous êtes bonne : je dis plus ; lors même que vous n'êtes ni juste ni raisonnable, votre bonté jointe à la supériorité de votre esprit forment de vous un être à part auquel tout honnête homme doit estime et affection. »

Daignez agréer cet hommage.

A. DE MONTYON.

En rentrant en France, il racheta plusieurs de ses terres qui avaient été vendues, comme biens d'émigré, entr'autres celle de Chambry, près Meaux. Il s'occupa aussi, avec l'activité qu'il avait dans l'ame, de faire des fondations nouvelles, dont les unes étaient destinées à remplacer les anciennes en les amplifiant, et dont les autres avaient pour objet des actes de charité qui attestent l'ingénieuse bonté de leur auteur, et, si l'on peut ainsi parler, ses progrès dans l'art de bien faire. Chez lui tout était raisonné; sa générosité avait cela d'admirable, qu'elle n'était pas, ainsi que chez beaucoup d'autres, l'effet subit de l'entraînement, mais le fruit d'une réflexion lente et sage; il avait fait, on peut le dire, de la bienfaisance un art, et de la charité une science. Pensant avec raison qu'il fallait être descendu au dernier degré de l'infortune pour emprunter de l'argent sur des nantissements qui n'avaient aucun prix, il a consacré, pendant les derniers temps de sa vie, quinze mille francs par an à retirer du mont-de-piété les effets au-dessous de la valeur de cinq francs, appartenant aux mères jugées dignes d'être admises aux secours de la Charité maternelle. Fidèle à son incognito, il s'adressa dans le plus grand secret au maire du 5ᵉ arrondissement (1), pour proposer deux primes de cinq mille francs chacune; il offrait la première à la personne qui opérerait un desséchement ou défrichement, dont les travaux coûteraient au moins 1500 fr. (2), et la seconde à une association charitable qui prêterait sans aucun intérêt aux artisans et aux laboureurs.

Il avait joint à ces deux sommes un don pour la ville d'Aix, où il avait résidé autrefois comme intendant, et qui accepta cette marque de son souvenir avec respect et reconnaissance.

En 1817, M. de Laplace informa ses collègues, qu'une personne qui voulait rester inconnue se proposait de fonder un prix annuel de statistique, et qu'elle priait l'Académie royale des sciences d'accepter une donation de douze mille francs, pour réaliser ce projet. M. Fourrier, secré-

---

(1) M. Hutteau d'Origny, aujourd'hui maire du dixième arrondissement, qu'il choisissait souvent, par estime et par amitié, pour confident de ses nobles pensées et de ses bonnes actions.

(2) Il disait que la population ne peut jamais être trop considérable dans un pays, tant qu'il existe un défrichement ou un desséchement à faire.

taire perpétuel (1), fut chargé de présenter le rapport; l'Académie s'empressa d'en adopter les conclusions, en offrant au fondateur ses justes remercîments, et en regrettant qu'il voulût dérober son nom à la reconnaissance publique.

On a su depuis que cet anonyme était M. de Montyon.

Le prix a été décerné régulièrement par l'Académie des sciences, et l'on a couronné des ouvrages remarquables sur la statistique de la France et de ses colonies.

Cette liste si riche et si variée en bienfaits de tout genre, ne contient pourtant qu'une faible partie de ses libéralités; il en est dont il a fait disparaître jusqu'à la moindre trace; il remettait ent en mains propres, à des hommes qui méritaient toute sa confiance, des sommes de trois, six et dix mille francs pour être distribuées à des savants, à des gens de lettres tombés dans l'infortune. Il ne voulait pas même savoir les noms de ceux qu'il obligeait. M. Daru parla un jour devant lui de la situation pénible d'un général

---

(1) M. Fourrier appartient, comme Fontenelle et comme MM. Raynouard et Dacier, à deux académies.

d'une grande distinction, qu'il ne nomma point, par égard pour sa famille, et qui de malheurs en malheurs avait été réduit à la plus profonde misère. Le lendemain M. de Montyon fit une visite à M. Daru, et lui porta huit mille francs, en le priant de les remettre à cet officier, dont il ne demanda pas le nom, et auquel il voulut rester inconnu.

Une de ses plus heureuses idées, une de ses pensées les plus utiles à l'humanité est celle qui lui fit calculer que ce n'est pas assez pour un indigent d'être soigné dans un hôpital, lorsqu'il est atteint d'une maladie quelconque : rendu à la vie par des médecins habiles, il sera sauvé, mais il n'est pas guéri. Que deviendra-t-il? S'il reste dans l'hospice, il continue à respirer un air qui retarde sa convalescence; s'il retourne dans sa famille, il manque des secours nécessaires à son rétablissement, et souvent une grave rechute compromet de nouveau son existence; il faut donc qu'il puisse attendre que le retour de ses forces lui permette de retrouver une condition s'il est au service, et de l'ouvrage s'il est artisan. C'est cette lacune importante que l'ami des pauvres a voulu remplir par des dotations. Sur les douze bureaux de charité de la ville de Paris, huit étaient déja pourvus, il s'occupait des quatre autres lorsque la mort vint non pas arrêter, mais interrompre ses bienfaits; bientôt ils reprirent leur cours : c'eût été trop peu pour lui que sa bienfaisance fût aussi fugitive que sa vie; il voulait se survivre.

On procéda à l'ouverture de son testament : on en trouva six.

 Le premier, du 1er novembre 1815.
 Le second, du 27 novembre 1815.
 Le troisième, du 28 juillet 1817.
 Le quatrième, du 23 avril 1819.
 Le cinquième, du 12 octobre 1819.
 Et le sixième, du 12 novembre 1819.

Tous les six étaient identiques pour les différents legs; le dernier, du 12 novembre 1819 (treize mois avant sa mort), confirme les cinq autres; M. de Montyon avait eu, pendant soixante ans, un but unique, une pensée fixe, et ses projets, que l'on ne connaissait qu'en partie, éclatèrent dans leur immensité à la lecture de son testament (1). En s'occupant du bonheur de

---

(1) J'ai cru devoir reproduire ce testament tout en-

l'humanité tout entière, il n'avait oublié aucune des personnes qui lui témoignaient de l'affection ou qui lui avaient rendu des services dans un genre quelconque.

Cet acte solennel commence ainsi :

« 1° Je demande pardon à Dieu, de n'avoir
« pas rempli exactement mes devoirs religieux;
« je demande pardon aux hommes de ne leur
« avoir pas fait tout le bien que je pouvais, et
« que, par conséquent, je devais leur faire (1). »

« 2° Je veux être enterré avec la plus grande sim-
« plicité, ce qui devra être exécuté d'autant plus
« exactement, que ce qui sera économisé sur cet
« article tourne à l'avantage de mes legs. »

L'article 11 est ainsi conçu :

« Je veux qu'il soit employé une somme de
« deux mille quatre cents à trois mille francs,
« pour faire une statue en marbre (2), formant

---

tier dans les Pièces justificatives qui sont à la fin de cet ouvrage (A).

(1) Il n'était pas encore content de lui-même !

(2) Cette statue est placée dans la salle des séances de l'Académie française.

« un buste de madame Élisabeth de France, avec
« cette inscription : *A la Vertu*. Ce buste sera
« placé dans un lieu où il pourra être vu de beau-
« coup de personnes, et s'il est possible, à la
« porte de l'église Notre-Dame à Paris. Je ne
« me rappelle pas si j'ai jamais eu l'honneur de
« parler à cette princesse, mais je désire lui payer
« ici un tribut de respect et d'admiration. »

Tel fut cet homme rare dont la vie peut être regardée comme une étude historique et morale, pour toutes les conditions et toutes les classes. Organe des lois, jamais il ne les a laissées fléchir au gré du caprice; magistrat, il a jugé d'après sa conscience; administrateur, il a fait bénir son nom dans les provinces qu'il a régies; financier, il a pris l'ordre pour base et la probité pour guide; riche, il a vécu comme s'il ne l'était pas, pour donner davantage aux pauvres ; de son vivant, son économie passait pour de l'avarice; son testament a expliqué ce défaut et en a fait une vertu.

Ses libéralités se sont élevées à cinq millions, savoir : trois millions huit cent cinquante-trois mille francs aux hospices; six cents trente-neuf mille six cents francs à l'Académie Française, et la même somme à l'Académie des Sciences. Il prouvait ainsi qu'il ne se contentait pas de faire du bien, et qu'il voulait le faire le mieux possible. Pour être sûr que ses intentions seraient remplies loyalement, il léguait le patrimoine des pauvres convalescents à leurs vrais tuteurs, à leurs protecteurs naturels; quant aux encouragements qu'il destinait à la vertu, aux arts, aux sciences et aux lettres, il en dotait le premier de nos corps savants et la première de nos compagnies littéraires, dont les jugements pesés et les décisions réfléchies sont des garants presque infaillibles contre l'erreur ou la partialité.

Aussitôt que le conseil-général des hospices eut connaissance des dernières volontés de M. de Montyon, il se réjouit de voir que les nombreuses améliorations déja faites de nos jours dans les hôpitaux, se trouvaient complétées par le génie de la bienfaisance, et pour lui donner une faible marque de son éternelle gratitude, l'administration décida qu'il lui serait érigé un monument décoré de son buste en marbre, sous le portique du plus grand de nos hôpitaux, vis-à-vis la statue de St-Landry, et de plus, que des copies de ce buste seraient placées dans tous les autres hospices, à l'endroit même où se fait la distribution des secours aux convalescents ; ainsi les derniers regards des malheureux à la sortie de l'hôpital se porteront sur les traits de celui dont la charité sans bornes a pris soin d'amener l'entier rétablissement de leurs forces et de leur santé.

Les ordres pour l'achèvement de ce buste sont donnés depuis 1824 : on regrette que le sculpteur ne l'ait point encore terminé. On ne fait pas un bon ouvrage aussi vite qu'une bonne action.

L'inscription qui doit décorer le monument a été composée par MM. les membres de l'Académie des belles-lettres.

A LA MÉMOIRE
DE M. ANTOINE JEAN-BAPTISTE AUGET DE MONTYON,
CONSEILLER D'ÉTAT,
DONT L'INÉPUISABLE BIENFAISANCE
ET L'INGÉNIEUSE CHARITÉ
ONT ASSURÉ,
APRÈS SA MORT, COMME DURANT SA VIE,
DES ENCOURAGEMENTS AUX SCIENCES,
DES RÉCOMPENSES AUX ACTIONS VERTUEUSES,
DES SOULAGEMENTS A TOUTES LES MISÈRES HUMAINES.
Né le 23 décembre 1733. — Mort le 29 décembre 1820.

LXIX

L'enterrement de cet homme de bien fut très-simple, comme il l'avait exigé; il ne ressemblait pas à ces pompes funèbres pleines de magnificence et d'éclat, auxquelles il ne manque que de la douleur; quelques amis éplorés et des pauvres en larmes qui se croyaient orphelins, ce fut tout son cortége. Il repose à Vaugirard, auprès de La Harpe : aucune inscription n'indique le lieu de sa sépulture; peut-être a-t-il voulu que sa tombe restât ignorée comme ses bienfaits l'ont été pendant sa vie, mais cet oubli sera réparé (1). Le nom de Montyon est désormais consacré; déja il a été célébré par les hommes les plus distingués (2) de notre littérature, et, malgré les répugnances de sa modestie, ce nom sera prononcé avec respect

---

(1) On assure que les Bureaux de charité de la ville de Paris vont faire placer à l'endroit où reposent les cendres de M. de Montyon une pierre tumulaire, ornée d'une inscription.

(2) MM. Raynouard, Lacretelle, Andrieux, Fourrier, lui ont payé, dans les séances des deux académies, un tribut de respect et d'estime; et M. Le Bailly, l'un de nos plus ingénieux fabulistes, lui a consacré des vers que l'on trouvera dans les Pièces justificatives (B).

(A)

TESTAMENT
DE
Mr DE MONTYON.

12 novembre 1819.

1º Ceci est mon testament, et je révoque tout testament, codicille ou autre disposition testamentaire antérieure.

Je veux être enterré le plus simplement possible.

2º Je demande pardon à Dieu de n'avoir pas rempli exactement mes devoirs religieux; je demande pardon aux hommes de ne leur avoir pas fait tout le bien que je pouvais, et que, par conséquent, je devais leur faire. Je veux être enterré avec la plus grande simplicité, ce qui doit être exécuté d'autant plus exactement, que ce qui sera économisé sur cet article tourne à l'avantage de mes legs.

Balivière, sa sœur aînée, et en cas que Mademoiselle de Balivière l'aînée me prédécède, je lui substitue Mademoiselle de Balivière la cadette; en cas que les trois demoiselles de Balivière me prédécèdent, je leur substitue Madame la comtesse de Balivière, leur mère; chacune d'elles, audit cas de vocation au legs universel, jouiront des mêmes droits, dont aurait joui Mademoiselle Robertine de Balivière, si elle ne m'eût pas prédécédé.

4° Je prie M. Pierre Pivost, avocat, demeurant à Paris, rue Guénégaud, d'être mon exécuteur testamentaire, et d'accepter un diamant de deux mille quatre cents francs; et comme cette exécution entraînera beaucoup de soins, il est prié de vouloir bien percevoir des honoraires, pour les soins et vacations qu'exigera le testament.

5° Je lègue à Ménard, à Bérenger, à Vautry, chacun quinze cents francs. Je lègue de plus à Bérenger et à Vautry ma garde-robe, linge de corps et vêtements, à partager entre eux. Je lègue de plus à Bérenger mes deux montres d'or. Je lègue de plus à Ménard mes livres, à la charge de payer à Bérenger et à Vautry, chacun cent francs. Celui qui, au jour de mon décès, ne sera plus à mon service, sera privé des legs que je lui fais, qui seront annullés. Si j'ai quelque autre domestique au jour de mon décès, je lui lègue, autant de fois deux cents francs, qu'il aurait été d'années à mon service, et l'année commencée sera comptée comme révolue.

6° Je lègue aux pauvres de la paroisse de Montyon trois cents francs; aux pauvres de la paroisse de Chambry cent cinquante francs.

7° Je prie M. Jérémie Hermann, directeur de la banque d'Angleterre, de vouloir bien recevoir mes remerciments de l'amitié qu'il m'a marquée, et de vouloir bien accepter un diamant, du prix de trois mille francs de France. J'espère qu'il voudra bien aider, de ses conseils, l'exécuteur testamentaire, pour les affaires qui sont à suivre, en Angleterre.

8° Je prie M. Williem Morgan, secretary of the equitable Society de Londres, de recevoir mes remercîments de l'amitié qu'il m'a témoignée, et de vouloir bien accepter un diamant de douze cents francs de France.

9° Je prie les enfants de Mme Berthier, en son nom Deforges, de vouloir bien agréer que je leur lègue ce qu'ils me doivent ou me devront, à ma mort, et que j'y ajoute une somme de quinze cents francs, qui sera partagée entre eux, ainsi que le jugera à propos madame leur mère.

10° Je prie M. le marquis de Laplace, pair de France, de vouloir bien permettre que je lègue à Mademoiselle sa petite-fille, qu'il élève chez lui, un diamant de deux mille francs; je lui serai obligé, s'il veut bien diriger mon exécuteur testamentaire, dans les legs qui suivent :

11° Je veux qu'il soit employé une somme de deux mille quatre cents à trois mille fr., pour faire une statue en marbre, formant un buste de Madame Élisabeth de France, avec cette inscription : *A la vertu.* Ce buste sera placé dans un lieu où il pourra être vu de beaucoup de personnes; s'il est possible, à la porte de l'église Notre-Dame, à Paris. Je ne me rappelle pas si j'ai jamais eu l'honneur de parler à cette princesse; mais je désire lui payer ici un tribut de respect et d'admiration.

12° Je lègue une somme de dix mille fr., pour fournir un prix annuel à celui qui découvrira des moyens de rendre quelque art mécanique moins malsain.

13° Pareille somme de dix mille francs, pour prix annuel, en faveur de qui aura trouvé dans l'année, un moyen de perfectionnement de la science médicale, ou de l'art chirurgical.

14° Pareille somme de dix mille francs, pour prix annuel, en faveur d'un Français pauvre qui aurait fait, dans l'année, l'action la plus vertueuse.

15° Pareille somme de dix mille francs, en faveur du Français qui aura composé et fait paraître le livre le plus utile aux mœurs.

Pour les articles précédents, douze et treize, les prix seront distribués par l'Académie des sciences; pour les articles derniers, quatorze et quinze, par l'Académie française. Si ces académies ne voulaient pas se charger de cette distribution, elle sera faite par l'institution que ces académies voudront bien désigner.

16° Je lègue à chacun des hospices des départements de Paris une somme de dix mille francs, pour être distribuée en gratifications ou secours à donner aux pauvres qui sortiront de ces hospices, et qui auront le plus besoin de secours. Comme il y a douze départements, cette disposition est un objet de cent vingt mille francs. La disposition sera faite par les administrateurs des hospices.

17° Je veux que les legs, portés aux articles précédents, douze, treize, quatorze, quinze, seize, ce dernier pour chacun des hospices de Paris, soient doublés, triplés, et même quadruplés, en sorte qu'un legs porté à dix mille francs, soit porté à quarante mille francs; le doublement de tous ces legs précédant le triplement d'aucun d'eux, et le triplement de tous, précédant le quadruplement d'aucun d'eux : cette progression, pour avoir lieu, si l'état de mes biens le permet, sans que la valeur réservée, pour être le minimum du legs universel, en reçoive atteinte. Ces legs seront accrus et (1) ===== indéterminément tant que le permettra la réserve pour le legs universel.

18° Toutes les sommes dont il est ici disposé dans les articles douze, treize, quatorze, quinze, seize, seront placées en rentes sur l'État, dites Inscriptions à cinq pour cent, et les arrérages serviront à l'exécution des dispositions contenues dans ces articles.

19° Je donne à mes dispositions cette latitude indéterminée, parce que l'incertitude du montant des biens, dans lesquels je puis ren-

---

(1) Ce mot est illisible dans le testament écrit de la main de M. de Montyon.

trer, et dont j'ai été dépouillé par cause d'émigration, ne m'offre point un montant fixe de ma fortune.

Fait à Paris, ce douze novembre mil huit cent dix-neuf.

Signé Auget de Montyon.

20° Je supplie Madame la baronne Pasquier de vouloir bien me donner une nouvelle preuve de l'amitié dont elle m'a honoré, en acceptant, pour conserver un souvenir de moi, une médaille d'or, qui est le prix qui a été accordé, en Suède, à un de mes ouvrages.

Premier septembre mil huit cent vingt.

Signé Auget de Montyon.

Au bas est écrit : Enregistré à Paris, le dix-sept janvier mil huit cent vingt-un. Reçu cinq francs cinquante centimes, dixième compris.

Signé Courapied.

« Il est ainsi en l'original dudit Testament,
« dont l'expédition précède, dûment timbrée

« et déposée par minute, à Mᵉ Pierre-Eugène
« Cottenet, l'un des notaires, à Paris, soussi-
« gnés, par M. le vice-président du Tribunal
« de première instance du département de la
« Seine, suivant son procès-verbal d'ouverture
« et de description dudit Testament, en date à
« Paris, du onze janvier mil huit cent vingt-
« un, enregistré; le tout étant en la possession
« dudit Mᵉ Cottenet. »

Étant observé que deux mots ont été laissés en blanc, attendu qu'il a été impossible aux notaires soussignés de les lire.

Signé COTTENET ET COLIN.

D'après les dispositions identiques des autres Testaments trouvés chez M. DE MONTYON, et portant des dates antérieures à celle du 22 novembre 1819, ainsi que par le sens même des parties du présent Testament où se trouvent les mots laissés en blanc, il y a tout lieu de croire que celui de ces mots formant lacune à l'article 17, page LXXXI, ligne 9, doit être lu ainsi : *multipliés.*

(B) AUX
MANES DE M^R DE MONTYON.

Nestor des magistrats dont les bienfaits sans nombre
   Ont souvent traversé les mers
Pour réparer des maux que toi-même as soufferts,
   Je veux adresser à ton ombre,
   Moi qui ne te connus jamais,
   Un noble tribut de regrets.
   Sous la plume de Lacretelle,
Des bienfaiteurs en toi j'admirai le modèle :
   Est-il un souvenir plus doux?
A tes imitateurs, s'il en est parmi nous,
   C'est ce que ma fable rappelle.

LA SOURCE ET LE JARDINIER.

Privé de l'eau du ciel dans le fort des chaleurs,
Le jardinier Lucas n'avait d'autre ressource
  Pour arroser et ses fruits et ses fleurs
  Que le tribut d'une limpide source :

LXXXV

Lucas y puisait donc du matin jusqu'au soir.
Mais par malheur alors elle n'abondait guère,
  Et trop souvent pour remplir l'arrosoir,
  Il lui fallait une heure entière.
Un jour le jardinier lui dit avec humeur :
   Source avare! source maudite!
   Ne peux-tu donc couler plus vite?
Quoi! je te parle en vain! toujours même lenteur!
Ah! c'est payer trop cher un si léger service!
   Et, dans un accès furieux,
   L'ingrat contre sa bienfaitrice
Se répand en propos les plus injurieux.
   La Naïade, pour le confondre,
N'avait besoin que d'arrêter son cours :
Mais non, sans s'émouvoir, ni même lui répondre,
Au profit de Lucas elle coula toujours.
C'est le vrai bienfaiteur que j'ai peint dans ma fable :
Il trouve mille ingrats sans se lasser jamais
   De leur dispenser ses bienfaits :
La source est dans son cœur, elle est intarissable.

       Le Bailly.

TABLE ANALYTIQUE

DE LA VIE

DE M. DE MONTYON.

Considérations générales..................Page 1
Portrait moral de M. de Montyon............... 2
Ses succès dans ses classes..................... ibid.
Il est avocat du roi au Châtelet................. 3
M. de Malesherbes a occupé la même place........ ibid.
M. de Montyon est inaccessible aux séductions..... ibid.
Il est nommé maître des requêtes............... 4
Il obtient des dispenses d'âge.................. ibid.
Il est chargé des affaires de la librairie.......... ibid.
Voltaire s'adresse à lui .... ibid
Lettre de Voltaire et *post scriptum* de Mme Denis... 5-7
M. de Montyon est nommé à l'intendance d'Auvergne. 8
Députation de la ville d'Aurillac................. 9

LXXXVII

Motifs honorables sur lesquels elle se fonde.......	9
Envoi de fonds à M. Turgot, par M. de Montyon, pour les pauvres................................	9 et 10
M. de Montyon donne l'impulsion à l'esprit public..	10
Grande disette dans toute l'Auvergne............	*ibid.*
Entrevue de M. de Montyon et de M. Turgot.....	11
Hommage rendu par M. Turgot à son collègue....	12
Des travaux sont ordonnés, par l'intendant, à Aurillac et à Mauriac, pour occuper et faire vivre les pauvres......................................	*ibid.*
M. de Montyon s'occupe des pauvres des campagnes..	13
Il écrit une lettre très-remarquable à son subdélégué..	13 et 14
Mariage de Louis XVI	15
Lettre écrite, au nom du prince, par le duc de La Vauguyon....................................	*ibid.*
Le parlement Maupeou; refus de M. de Montyon..	16
Efforts inutiles de l'abbé Terray pour vaincre sa résistance..	*ibid.*
Lettre de M. Godard, sur la suspension des travaux en Auvergne..................................	16 et 17
Les villes de Mauriac et d'Aurillac écrivent à M. de Montyon pour lui demander la permission de donner son nom aux promenades. Réponse de l'intendant..	18 et 19

Bon signé du Roi, pour garantir à M. de Montyon une intendance de première classe............ 19 et 20
Consternation de la province d'Auvergne à la nouvelle de la retraite de son intendant............ 20
La ville de Mauriac s'adresse à Marmontel pour lui demander une inscription. Réponse de Marmontel.................................... 21-23
Inscription de Marmontel pour Mauriac, et de Thomas pour Aurillac....................... 24 et 25
M. de Montyon est nommé intendant de Provence.. 25
Il est nommé intendant de La Rochelle........... 26
On lui permet de ne pas résider pour raison de santé................................... *ibid.*
Mort de Louis XV (mai 1774).................. *ibid.*
M. de Montyon part pour La Rochelle, il y reste quinze mois; résultats heureux de son administration; réduction des charges publiques; ordre dans les finances, etc. etc......................... *ibid.*
Il éprouve une injustice, et présente au Roi un mémoire détaillé............................ 27-34
Louis XVI le nomme conseiller-d'état............ 34
Portrait de M⁰ le duc de Penthièvre, par M. de Montyon..................................... 35
Vers sur ce prince, par M. Després............. *ibid.*
Caractère de M. de Montyon................... 36
Il fait paraître en 1778, sous un nom supposé, un ouvrage intitulé : Recherches sur la population de la France; anecdote......................... 37

tient l'accessit pour le prix d'éloquence (1778). 37 et 38
e Montyon est nommé chancelier chef du con-
il de M⁎ʳ le comte d'Artois (1780)............. 38
nonce aux appointements de sa place; sa con-
uite avec M. Desain, aujourd'hui maire du 7ᵉ
rondissement.........................38 et 39
cité, modestie et discrétion de M. de Montyon.
necdote................................. 40
fuse la place de garde des sceaux............ *ibid.*
évoit nos troubles (1788), et met en sûreté une
artie de sa fortune........................ 41
mé des prix fondés par M. de Montyon, de
780 à 1787.........................41-43
asse plusieurs années à Genève, il y gagne un
rix proposé par l'Académie française, et laisse les
ille écus pour un autre prix à décerner par l'Aca-
émie des sciences....................... 44
e rend à Londres, et distribue tous les ans
,000 francs............................. 45
796, il publie son Rapport au Roi; extrait de
t ouvrage..........................46 et 47
1801, il remporte un prix à l'Académie de
tockholm............................... 47
mage de M. de Montyon à S. A. R. Madame la
uchesse d'Angoulême; réponse de Madame la du-
hesse de Sérant, au nom de cette princesse..47 et 48
igeance de M. de Montyon; trait de caractère..49 et 50

Il publie un excellent ouvrage intitulé : *Influence de l'impôt sur la moralité et l'industrie des peuples* (1806) 50-52
Son Éloge de Corneille (1808) 52
Son Exposé statistique de Tunquin (1811) .... *ibid.*
Ses Observations sur les contrôleurs-généraux les plus célèbres (1812); extrait de cet ouvrage .. 52 et 53
La restauration le ramène en France à quatre-vingts ans passés 54
Lettre de Mme de Staël à M. de Montyon (1815)... 55
Réponse de M. de Montyon 56-59
Il rachète la terre de Chambry près Meaux, ... 60
Il fait de nouvelles fondations .... *ibid.*
Réflexions sur sa manière de faire le bien .... *ibid.*
Ses confidences à M. Hutteau d'Origny, maire du 10e arrondissement 61
Il propose deux primes de cinq mille francs .... *ibid.*
Il fait un don à la ville d'Aix .... *ibid.*
Il fonde, sous le voile de l'anonyme, un prix de statistique à l'Académie des sciences .... 61 et 62
Services rendus à des personnes dont il ignorait les noms 62
Admirable fondation pour les pauvres convalescents. 63
Il laisse six testaments absolument identiques 64
Articles de son dernier testament 65
Ses libéralités s'élèvent à 5 millions 66
Le conseil-général des hospices décide qu'il lui sera élevé un monument 67

Inscription composée par MM. les membres de l'Académie des belles-lettres.................... 68
Décision prise par MM. les maires de Paris 69
Résumé de l'ouvrage; hommage à M. de Montyon... 70

PIÈCES JUSTIFICATIVES.

Testament de M. de Montyon................. 73
Se légataire universelle................74 et 75
M. Pivost son exécuteur testamentaire........... 76
Legs à Ménard, Bérenger et Vautry............. *ibid.*
Aux pauvres de Montyon et de Chambry........ 77
A M. Jérémie Hermann, directeur de la banque de Londres............................... *ibid.*
A M. Williem Morgan.................... 78
Aux enfants de M⁽ᵐᵉ⁾ Berthier, née Deforges....... *ibid.*
A la petite-fille de M. de Laplace.............. *ibid.*
Mille écus consacrés au paiement d'une statue en marbre, formant le buste de Madame Élisabeth de France, avec cette inscription: *A la vertu!*...... 79
Dix mille francs pour un prix annuel............ *ibid.*
Dix autres mille francs pour un autre prix annuel.. *ibid.*
Dix mille francs pour un prix annuel, en faveur d'un Français pauvre qui aura fait, dans l'année, l'action la plus vertueuse..................... *ibid.*
Dix mille Francs en faveur du Français qui aura com-f

posé et fait paraître l'ouvrage le plus utile aux mœurs.................................. 79 et 80
Legs aux hospices................................ 80
Médaille d'or laissée à Mme la baronne Pasquier, comme souvenir d'amitié.................... 81
Signatures des notaires Cottenet et Colin......... *ibid.*
Aux mânes de M. de Montyon, par M. Le Bailly.. 82 et 83

DES MŒURS,
DES LOIS ET DES ABUS.

DES MŒURS,

DES LOIS ET DES ABUS.

TABLEAUX DU JOUR.

> « Il faut changer par les lois, ce qui est établi
> « par les lois; et changer par les mœurs, ce
> « qui est établi par les mœurs »
>
> Montesquieu. *Esprit des lois.*

DÉCEMBRE

1829.

UN MOT AUX LECTEURS.

Vous qui ne pensez qu'à la politique, et qui voulez y être sans cesse ramenés, par vos conversations, vos études et vos lectures ne prenez pas ce livre, vous n'y trouveriez absolument rien qui satisfît votre curiosité. On n'y traite ni de l'association, ni du roi futur de la Grèce, ni de l'expédition d'Alger, ni du refus de l'impôt, ni des procès de la presse; on n'y dit pas un mot du budjet, ni des travaux présumés de la prochaine session. Pour vous épargner un mécompte j'aime mieux vous prévenir; si c'est là ce que vous cherchez, ne me lisez pas.

Vous qui, blasés par la lecture de quelques romans, auxquels je pourrais donner un autre nom, ne voulez que des tableaux libres, ou d'odieuses personnalités, ne jetez pas les yeux sur cet ouvrage, il ne vous inspirerait que le dégoût et l'ennui. Mais vous dont l'ame tendre et fière est aussi indignée d'une injustice et d'une calomnie, que touchée d'une pensée noble et d'une belle action; vous qui aimez à réfléchir sur les grandes questions de morale qui ont un rapport direct avec les événements de la vie; vous enfin qui croyez que le plus sûr moyen d'améliorer les choses est de ne pas offenser les hommes, et qu'il faut être tout à-la-fois inexorable pour les vices et indulgent pour les personnes (1), lisez avec quelqu'attention ces chapitres que je soumets à la méditation des sages; j'y parle des mœurs

---

(1) *Parcere personis, dicere de vitiis.*

du temps et des besoins de notre époque, des lois dont nous manquons et des abus dont nous ne manquons pas. Les effets de la calomnie, les dangers du jeu, les affreux résultats de l'usure, la manie des faux titres, l'épouvantable usage de la traite des enfants, sont peints sous des couleurs que j'ai tâché de rendre fidèles. Si j'obtiens le suffrage des hommes graves dont le jugement fait autorité, s'ils trouvent mes tableaux vrais, mes vues utiles, mes réflexions justes, je ne regretterai pas l'emploi de mon temps. Si je suis plus heureux encore, si quelqu'une de mes idées parvient à s'introduire dans nos lois, et si j'ai pu, en signalant le danger, amener la destruction d'un seul abus, je serai content de moi-même, et je croirai avoir fait un ouvrage utile.

DES MOEURS,
DES LOIS ET DES ABUS.

DE LA CALOMNIE.

Celui qui a nommé la calomnie un vice, était un flatteur; la calomnie est un crime.

Pour ceux qui ont l'ame élevée, l'honneur est plus que la vie; un calomniateur est plus odieux qu'un assassin. L'un vous tue, il ne vous ravit que l'existence; l'autre vous enlève le premier des biens, la réputation.

Un écrivain spirituel a exprimé, avec justesse, une pensée neuve. La calomnie ressemble au charbon, qui noircit, quand il ne brûle pas.

Beaumarchais, qui vise toujours au burlesque, en traitant les objets les plus sérieux, a peint la calomnie en caricature ; le fond des idées est vrai, la forme est ridicule ; ce n'est pas par des bouffonneries qu'on peut offrir à l'esprit les difformités morales ; Momus serait déplacé chez les Cyclopes.

Tout calomniateur est un lâche. Les Perses écrivaient leur nom sur leurs javelots. Le calomniateur suit une marche opposée ; il prend une flèche, l'empoisonne, la lance et disparaît.

Rien n'est plus difficile, rien n'est plus rare que de prendre un calomniateur en flagrant délit. Un bruit perfide se répand ; il vous nuit dans votre honneur ; vous voulez remonter à la source, vous ne trouvez plus que des échos ; la voix est muette. Interrogez ceux qui accusent, demandez-leur comment ils savent ce qu'ils répètent, vous n'en obtenez jamais que ces mots vagues : *On assure, on prétend, quel-*

qu'un, dont je ne sais pas le nom, disait hier dans un cercle, etc. Lâche détour, supercherie odieuse, qui associe la multitude à la diffamation, et, mettant le vrai coupable à l'abri, ne présente qu'une ombre à celui qui veut saisir un corps.

On a dit souvent qu'un empoisonneur était le plus vil des hommes, on s'est trompé ; le calomniateur est plus vil encore ; celui qui boit la coupe empoisonnée, est averti par des douleurs promptes, du danger qu'il court ; il peut employer des remèdes efficaces ; il ne faut, pour le sauver, qu'un antidote puissant : la calomnie, poison moral, d'une effrayante activité, poursuit, atteint sa victime à son insu. Chacun sait de quoi elle meurt, elle seule ignore son mal, ou quand elle l'apprend, il est trop tard, elle ne peut plus se justifier ; quoique rendu en son absence, le jugement est sans appel ; en vain crie-t-elle avec toute l'énergie d'une ame indignée : *mensonge ! mensonge !* l'imposture a écrit sur son masque : *vérité! vérité!* et les échos répètent : *vérité! vérité!*

Les propagateurs de calomnies savent que les plus grossières, les plus exécrables troublent toujours le repos d'un honnête homme : il se dit bien qu'il ne peut être atteint par de vils soupçons, que sa réputation n'en peut être ternie ; il s'élève de toute la hauteur de sa position et de sa vie au-dessus des misérables qui ont voulu attenter à son honneur, mais enfin il y pense ; leur attaque infâme l'agite et l'indigne ; elle occupe sa pensée, elle trouble son sommeil ; c'est ce qu'ils veulent; sa douleur les fait sourire ; ils s'applaudissent, ils se croient vainqueurs, ils ne sont qu'impunis.

Apelles, échappé à l'accusation capitale que lui intenta Ptolémée, composa et laissa dans la ville d'Éphèse son tableau de la calomnie.

La Flatterie ouvrait la marche des personnages de son tableau, et donnait, par derrière, la main à l'Artifice et à la Ruse ; celle-ci, marchant à reculons, attirait à elle la Crédulité, la bouche ouverte, les yeux en l'air, les oreilles dressées; elle s'appuyait à droite sur l'Ignorance, représentée sous les traits d'une femme aveugle, et à gauche sur le Soupçon, osant à peine poser le pied à terre; la Calomnie, au regard sombre et farouche, la suivait, traînant d'une main l'Innocence, sous l'emblème d'un enfant levant les yeux au ciel; de l'autre main la Calomnie secouait une torche dont les vapeurs formaient un nuage, que la Vérité suivie du Repentir en habits de deuil, avait peine à percer.

Dans bien des livres, on ne trouverait pas le sujet d'un tableau, et ce tableau seul fournirait un livre.

C'est après les révolutions que les calomniateurs abondent, comme les brigands après les incendies.

On a dit et répété que la vie privée devait être entourée d'un mur d'airain : il faut que la calomnie soit bien forte; car renverser ce mur, n'est qu'un jeu pour elle.

Nous avons vu la calomnie attaquer les personnages les plus augustes, ceux même qui sont devenus les objets de notre pieuse vénération. Quand on songe à ces nobles victimes, on se demande si l'on doit repousser la calomnie; oui, certes, on le doit; le silence double son audace; et le premier devoir d'un homme de bien est le soin de son nom. Il faut donc poursuivre le calomniateur!... comment le poursuivra-t-on? C'est ici que la question se complique; les tribunaux sont là, j'en conviens, mais les lois n'y sont pas. Si quelque peine proportionnée à l'offense pouvait être appliquée au coupable, on n'hésiterait pas à demander vengeance : peut-on l'obtenir, peut-on la désirer même, lorsque les moyens de répression sont nuls? Ira-t-on, affrontant le scandale d'un débat judiciaire, faire prouver à ses juges sa probité par des attestations, sa délicatesse par des certificats, son honneur par des apostilles? Que l'avocat de votre ennemi se permette, sans aucun scrupule, pour le besoin de sa cause, des calomnies nouvelles, en cherchant à justifier les anciennes, et vous obtiendrez un bon arrêt qui déclarera qu'il n'est pas suffisamment prouvé que vous soyiez un malhonnête homme, et qui condamnera v e adversaire à cinq francs d'amende.

Un tel état de choses est intolérable : quand les lois sont muettes, la probité doit se taire : une nation pour qui l'honneur est tout, demande justice de ces misérables, qui n'ont rien de sacré et qui abusent de tout, même du mépris qu'ils inspirent : que des lois fortes, des lois terribles, effraient le calomniateur : qu'une fois convaincu d'infâmie, il soit condamné à des amendes énormes, qu'un fer brûlant laisse sur son front une marque indélébile, et puisque l'obscurité est le besoin de sa vie et la ressource de ses manœuvres, qu'il se cache, mais flétri, mais déshonoré, et qu'il rende par sa fuite le repos aux familles, et le bonheur à la société.

DU SUICIDE.

Chez les Grecs et chez les Romains, les suicides se sont multipliés, quand les mœurs se sont corrompues.

Plutarque nous dit qu'à Milet, les jeunes filles se pendaient en foule, et qu'on fut forcé d'infliger une punition aux cadavres; on les dépouillait, et ils restaient exposés nus aux regards du public: la pudeur fit ce que n'aurait pu faire aucune autre considération; elles cessèrent de se pendre.

En Égypte, sous le règne de Ptolémée-Philadelphe, un philosophe d'un esprit exalté peignait avec tant d'éloquence les chagrins de la vie, que ses élèves, après l'avoir entendu, se donnaient la mort. Ptolémée lui interdit la parole, et le silence de l'orateur fut un bienfait pour toutes les familles.

De tous les peuples du monde, les Anglais sont les plus portés à se tuer ; leur atmosphère humide et froide, leur triste horizon, leurs éternels brouillards, expliquent cette propension ; en Italie, un ciel d'azur fait aimer l'existence ; à Londres, on ne respire que des vapeurs noires, et le dégoût de la vie.

En 1550, un Écossais donna à toute l'Europe l'exemple de la plus grande fureur, pour attenter à ses jours. Dené, général français, attaqua le fort de *Fuird;* il l'emporta d'assaut, après un siége long et opiniâtre; les Français y firent beaucoup de prisonniers, et entre autres, l'Écossais dont j'ai parlé plus haut. Désespéré d'être au pouvoir de l'ennemi, il se coucha par terre, ferma la bouche et les yeux, se tint dans cette position, pendant plusieurs jours, refusa constamment de prendre de la nourriture, et mourut de faim et de rage (1).

Il y eut, quelque temps en Angleterre, une secte connue sous le nom des anti-vivants.

Je me rappelle que deux gentlemans, qui habitaient, à Londres, le même hôtel que moi, se tuèrent à peu de jours de distance : l'un avait laissé, sur sa table, ces mots, *I am tœdious*; (2) et l'autre ceux-ci, *it is to cold* (3).

Il est vrai de dire que, si les Anglais ont prouvé trop souvent qu'ils ne savaient pas supporter les peines de la vie, ils ont su donner, quelquefois, de nobles exemples de ce courage calme qui rehausse la nature de l'homme, et lui fait envisager, avec une dignité surhumaine, les plus grandes infortunes.

―――――――――

(1) Delarrey, Histoire d'Angleterre, tom. 1, pag. 126.

(2) *Je suis dégoûté;* la véritable traduction est *je m'ennuie*. Mais le peuple du monde qui connaît le mieux l'ennui n'a pas d'expression pour rendre ce qu'il éprouve si souvent.

(3) *Il fait trop froid.*

Qui n'a pas lu l'histoire de la malheureuse Jeanne Grey? Édouard, fils de Henri VIII, l'ayant appelée au trône par testament, en 1553, elle résista d'abord aux instances du duc de Northumberland, son beau-père, et accepta enfin la couronne, par déférence pour lui et pour son mari; elle ne régna que neuf jours. Marie, sœur d'Édouard, la fit arrêter, enfermer et mettre en jugement; elle fut condamnée à mort. Elle raconte à un vénérable ecclésiastique sa dernière entrevue avec un des plus anciens amis de sa famille, qu'elle connaissait depuis son enfance, et qui s'était introduit dans la prison, pour lui apporter les moyens d'attenter à ses jours.

« L'excellent Asham (c'est Jeanne Grey qui
« parle) que je suis accoutumée à aimer et à
« respecter, depuis que je me connais moi-
« même, est venu me visiter hier dans ma pri-
« son. Il m'a dit que la reine me permettait de
« me promener dans le jardin ; je profitai de
« cette faveur avec empressement, et quand

« nous fûmes assis sur le bord de la Tamise,
« votre sentence de mort, me dit Asham, doit
« être bientôt exécutée; mais je vous apporte
« le secours qui délivra tant d'hommes illus-
« tres de la proscription des tyrans. Ce vieil-
« lard, ami de ma jeunesse, se met à genoux
« devant moi; sa tête blanchie était inclinée
« en ma présence, et couvrant ses yeux d'une
« de ses mains, il me tendait, de l'autre, la
« ressource funeste qu'il m'avait préparée. Je
« repoussai doucement cette main, et me re-
« cueillant par la prière, j'y trouvai la force
« de répondre ainsi : Si je me dérobais au mal-
« heur éclatant qui m'est destiné, je ne forti-
« fierais point, par mon exemple, l'espérance
« de ceux que mon sort doit émouvoir; les
« Anciens élevaient leur ame par la contempla-
« tion de leurs propres forces; les chrétiens
« ont un témoin, et c'est devant lui qu'il faut
« vivre et mourir. Les Anciens mettaient, au
« premier rang des vertus, la mort qui sous-
« trait au pouvoir des oppresseurs; les chré-

« tiens estiment davantage le dévoûment qui
« les soumet aux volontés de la Providence :
« lorsque la destinée est, pour ainsi dire, face
« à face avec nous, notre courage consiste à
« l'attendre, et regarder le sort est plus beau
« que s'en détourner. Le peuple, dit Asham,
« croit coupables tous ceux qu'il voit périr de
« la mort des criminels : le mensonge, lui ré-
« pondis-je, peut tromper quelques individus,
« pendant quelques années ; mais les nations
« et les siècles font toujours triompher la vé-
« rité ; il y a de l'éternité dans tout ce qui tient
« à la vertu.

JEUDI, VEILLE DE L'EXÉCUTION.

« Depuis que je croyais avoir fait mon de-
« voir, j'osais compter sur mon courage; mais
« une cruelle épreuve m'était encore réservée.
« Mon époux m'a fait demander de me voir
« aujourd'hui pour la dernière fois, j'ai refusé
« cet instant, dans lequel la joie et le désespoir
« se confondaient de trop près. J'ai craint de

« n'être plus résignée, mon père; m'approuvez-
« vous? Ce sacrifice n'a-t-il pas tout expié? Je
« ne crains plus maintenant que l'existence me
« soit encore chère.

LE MATIN MÊME DE L'EXÉCUTION.

« Oh! mon père, je l'ai vu! Il marchait au
« supplice d'un pas aussi ferme que s'il eût
« commandé ceux qui l'y conduisaient. Guil-
« ford a levé les yeux vers ma prison, puis il
« les a portés plus haut; je l'ai compris; il a
« continué sa route. Au détour du chemin qui
« mène à l'endroit fatal, il s'est arrêté pour me
« revoir encore; ses derniers regards ont béni
« celle qui fut sa compagne sur le trône et sur
« l'échafaud.

UNE HEURE APRÈS.

« Je ne le verrai plus! Si le même coup ne
« m'était pas réservé, quelle est la terre qui
« pourrait porter le poids de ma douleur? Oh!
« sainte mort! don du ciel, comme la vie,

« c'est vous qui me rendez du calme ; mon sou-
« verain maître a disposé de moi ; mais puis-
« qu'il me réunit à mon époux, il ne m'a rien
« demandé qui surpassât mes forces, et je re-
« mets, sans crainte, mon ame entre ses
« mains. »

Les apologistes du suicide ont-ils jamais rien écrit, que l'on puisse comparer à ces admirables pages, tracées par une reine de 18 ans ? Quelle simplicité, quelle noblesse ! C'est ainsi que l'on s'exprime, quand on prend sa morale dans l'Évangile, ses inspirations dans sa conscience, et ses espérances dans le ciel.

Barnevelt, tragédie de Le Mière, contient une dissertation sur le suicide ; ce beau vers est prononcé par deux interlocuteurs qui parlent de la mort.

Caton se la donna ; — Socrate l'attendit.

En effet, toute la gloire de ce philosophe est d'avoir attendu la ciguë ; depuis deux mille ans, les peintres et les poètes ont célébré sa mort; et s'il se fût tué, on n'en parlerait que pour le blâmer. Socrate est un sage, Caton n'est qu'un fou sublime.

Les suicides sont devenus beaucoup plus fréquents, en France, depuis l'époque où nous avons été atteints de l'anglomanie (1) : il fallait alors, sous peine d'être de mauvais ton, copier nos voisins dans leurs modes, leurs courses, leurs paris, leurs vapeurs, leurs jockeis, etc. etc., et nous étions, à la fois, vainqueurs et tributaires de notre plus ancienne ennemie. Il est assez ordinaire que la rivalité détourne de l'imitation; chez nous elle y invite.

En 1792 et 1793, la mort sous toutes les formes dépeuplait notre malheureuse patrie : des philosophes de l'époque, Péthion, Condorcet, Chamfort, n'attendirent pas l'exécution de l'arrêt fatal ; leur poignard trompa l'échafaud.

En 1802, plusieurs soldats de l'armée fran-

---

(1) En 1780.

çaise s'étant donné la mort, le consul Bonaparte fit publier l'ordre du jour suivant : « Un « soldat doit savoir vaincre la douleur et la « mélancolie des passions : il y a autant de « courage à souffrir avec constance les peines « de l'ame, qu'à rester ferme sous la mitraille « d'une batterie; s'abandonner au chagrin, sans « y résister, se tuer pour s'y soustraire, c'est « quitter le champ de bataille avant d'avoir « vaincu. »

Montesquieu, dans les *Lettres persanes*, et Rousseau, dans la *Nouvelle Héloïse*, ont fait l'apologie du suicide. Voltaire en a pris également la défense dans *Alzire* :

> Eh ! quel crime est-ce donc devant ce dieu jaloux,
> De hâter un moment qu'il nous prépare à tous !
> Quoi ! du calice amer d'un malheur si durable
> Faut-il boire à longs traits la lie insupportable ?
> Ce corps vil et mortel est-il donc si sacré,
> Que l'esprit qui le meut ne le quitte à son gré ?

Une des femmes les plus distinguées de ce siècle, qui avait un talent d'un grand éclat, et peut-être plus d'esprit qu'elle n'en pouvait conduire, madame de Staël a dit, dans son ouvrage sur l'influence des passions : « Il est « difficile de ne pas s'intéresser à l'homme plus « grand que nature, alors qu'il rejette ce qu'il « tient d'elle, *alors qu'il se sert de la vie pour « détruire la vie !* » On n'entend pas trop cette phrase, et il ne faut pas s'en plaindre; quand des maximes sont dangereuses, c'est quelque chose au moins qu'elles ne soient pas claires. Le même auteur s'exprime ainsi dans un autre endroit du même ouvrage : « Il n'y a que les « hommes capables de la résolution de se tuer « qui puissent, avec quelque ombre de sa- « gesse, tenter cette grande route de bonheur. » (Pag. 158.)

On ne peut expliquer de pareils principes sous la plume de madame de Staël, qu'en se rappelant qu'elle était alors extrêmement jeune; mère de famille, elle ne se fût jamais exprimée ainsi (1).

---

(1) Madame de Staël a fait amende honorable dans une

On doit attribuer un grand nombre de suicides à l'athéisme; la maxime que tout périt avec nous, en a produit plus que les maladies, l'ennui et la douleur.

Ceux qui se portent à cette extrémité, blessent essentiellement les lois divines, car Dieu a dit : « *Tu ne tueras pas;* » et cependant, comme le remarque saint Augustin, celui qui se tue, tue un homme; *non occides, vel alterum, ergo nec te, neque enim, qui se occidit, aliud quàm hominem occidit* (1).

J'adopte complètement l'assertion de Delisle de Sales, qui nous dit, dans la *Philosophie de la nature*, que le suicide est, en général,

---

brochure qui a paru en 1814; voici comment elle s'explique : « J'ai loué l'acte du *suicide*, dans un ouvrage sur « *l'influence des passions*, et je me suis toujours repentie, « depuis, de cette parole inconsidérée. J'étais alors dans « tout l'orgueil et la vivacité de la première jeunesse; mais « à quoi servirait-il de vivre, si ce n'était dans l'espoir « de s'améliorer ? »

(1) Saint Augustin, *de civitate Dei*, cap. 20.

un acte de frénésie. Je prévois l'objection qu'on va me faire; on dira que des hommes doués du jugement le plus sûr et de la raison la plus froide, se donnent la mort, et que cette action n'a rien qui indique chez eux le délire, ni même l'exaltation. Je sais qu'on peut citer plusieurs exemples de ce genre, et entr'autres celui d'un académicien célèbre, dont la mort, aussi rapide qu'imprévue, a paru inexplicable. Comment concevoir, en effet, le suicide d'un homme, dont le talent était la raison même, qui ne voyait dans les lettres qu'il cultivait avec un grand succès, que des idées positives; d'un homme enfin qu'on pouvait appeler le mathématicien de la littérature? et n'est-on pas confondu, quand on songe surtout, que cet homme était époux et père, qu'il adorait sa femme, et que ses enfants étaient l'objet de sa plus vive tendresse? Il devait tenir à la vie par tant de liens, qu'il ne peut en être sorti brusquement que par un dérangement subit de ses idées. La rapidité de sa résolution donne plus de force à mes arguments, et confirme mon système au lieu de le détruire. La machine humaine, quelque admirable qu'elle soit, est si fragile, qu'un ressort qui se brise arrête tous les rouages, et détruit l'équilibre.

Je ne suis pas de l'avis de J.-J. Rousseau lorsqu'il prétend qu'il faut un grand courage pour se donner la mort; il y aurait de l'exagération à prétendre que c'est l'action d'un lâche, mais je pense que c'est un acte de faiblesse : le mal est plus fort que nous, il épuise nos facultés, et nous profitons de celles qui nous restent pour nous délivrer de lui, en quittant la vie. Cela est si vrai, que tel homme se tue au mois de janvier, qui aurait aimé la vie au mois de mai ; il n'a pas pu attendre.

Il est pourtant un genre de suicide consacré par l'admiration des siècles ; c'est celui qui fait préférer la mort au déshonneur, celui qui termine une alternative déplorable, par un dévouement héroïque : on ne se donne pas la mort, on la subit. D'Assas qui dit : *à moi d'Auvergne!* et tombe percé de coups; Désilles qui périt pour ne pas laisser violer les lois de la discipline ; Bisson qui fait sauter son vaisseau, pour qu'il ne soit pas dit qu'un bâtiment français est resté dans les mains d'un pirate ; voilà de nobles faits d'armes, voilà des actions immortelles; ces trois braves sont les héros du suicide.

L'ennui, le remords et l'amour ont pu porter quelquefois à cet acte de désespoir les hommes dont l'imagination est malade, sombre ou romanesque ; mais il est prouvé que le jeu détermine surtout dans une proportion effrayante les résolutions extrêmes; et sur mille suicides, cette passion en occasionne neuf cents. Un pareil fait n'est-il pas plus puissant que les arguments de la meilleure logique, et la fin cruelle de tant de victimes n'a-t-elle pas écrit en lettres de sang la clôture des maisons de jeu? La décence publique, la tranquillité des familles, exigent depuis long-temps cette mesure; ce que l'on refusait aux exigences de la morale, on ne le refusera pas aux plaintes de l'humanité.

DES MAISONS DE JEU.

L'amour du jeu remonte à l'origine des sociétés. Les Perses, les Mèdes, étaient atteints de ce mal funeste; et le plus grand peintre des historiens connus, Tacite nous dit, qu'après avoir tout perdu, les Germains se jouaient eux-mêmes, *ex novissimo jactu*.

Cette passion doit la naissance à deux vices qu'elle entretient à son tour, l'avarice et l'oisiveté. L'avarice, espèce d'hydropisie morale qu'on pourrait appeler l'ambition de l'or, endurcit le cœur, rapetisse les idées, et ne permet à l'esprit qu'une seule préoccupation; celle d'arriver ou plutôt de prétendre à la fortune, car elle ne se croit jamais au but, et pour elle, le temple de la richesse ressemble à l'horizon qui paraît s'éloigner à mesure qu'on approche. L'oisiveté, passion négative, ôte à l'homme toute son énergie, amollit les fibres, brise les ressorts, et lui persuadant que le bonheur est le prix du sommeil, l'excite à s'enrichir en s'amusant, et l'engage à demander à la fortune ce qu'il ne veut pas obtenir du travail.

De là vient l'amour du jeu, qui de siècle en siècle s'est répandu dans toutes les classes de la société. L'adresse et la science avaient d'abord ôté à ce goût frivole ses plus grands inconvénients. Le hasard ne décidait pas du sort des joueurs, et une perte modérée était le résultat d'un combat long, savant, opiniâtre, où le vaincu lui-même n'était pas sans gloire. Cette marche sage et méthodique parut bientôt trop lente à la cupidité ; on ne voulut plus tenter la fortune qu'à ces jeux où sa réponse ne se fait pas attendre, où le hasard seul fait la loi, et qui peuvent conduire à la richesse par le chemin le plus court ;

je ne parle que de la richesse, car le joueur ne prévoit jamais sa ruine; de toutes les chances qui peuvent se présenter, c'est la seule qu'il oublie.

C'est de la passion du jeu qu'un écrivain de l'antiquité disait : *Excinditur animo faciliùs quàm temperatur.* « On parviendrait encore plutôt à l'extirper qu'à la modérer. »

Tous les défauts peuvent se corriger dans le monde par les contrastes; de sages exemples amènent souvent des changements utiles ; un prodigue rencontre des économes, un orgueilleux des gens modestes; mais un joueur en entrant dans le lieu fatal qui préoccupe son esprit, n'y voit plus que des frénétiques; c'est une maison de fous, et de fous furieux; ce n'est pas là qu'on redevient sage.

A toutes les époques de la monarchie, on a essayé de s'opposer aux progrès de cette épouvantable passion. Louis XII, François Ier, Henri IV, déployèrent une sévérité qui n'eut aucun résultat. Louis XIII rendit, en 1629, une ordonnance très-sévère contre les jeux : un des articles est ainsi conçu : « Défendons « à nos sujets de recevoir en leurs maisons, « assemblées pour le jeu.... Déclarons, dès « à présent, tous ceux qui y contreviendraient « et qui se prostitueraient en un aussi perni- « cieux exercice, infames, intestables (inha- « biles à porter témoignage en justice), et in- « capables de tenir jamais offices royaux. »

Un autre article est ainsi conçu : « Défen- « dons à toutes personnes de prêter argent pour « faire jouer, à peine de confiscation de corps « et de biens, comme séducteur et corrupteur « de la jeunesse, et cause des maux innom- « brables que l'on voit chaque jour en pro- « venir. »

Sous Louis XIV, un arrêt du parlement du 28 novembre 1664 menaçait ceux qui tiendraient à l'avenir des académies de jeux de hasard, d'une amende considérable pour la première fois, et prononçait la peine du fouet et du carcan contre ceux qui récidiveraient.

En 1777, un nouvel arrêt du parlement en date du 21 décembre, enjoignit au lieutenant-général de police de ne laisser introduire aucuns jeux de hasard dans la ville de Paris.

En 1781, Louis XVI fit revivre par sa déclaration du 1er mars toutes ces dispositions ; enfin la loi du 22 juillet 1791 prononça contre celui qui donnerait à jouer la peine de l'amende et de la prison.

La France n'est pas le seul pays où le jeu exerce ses fureurs, et où le souverain cherche à lui opposer une digue. Les contrées les plus éloignées sont exposées à ses ravages ; et vers 1750, l'empereur de la Chine publia l'édit qu'on va lire et qui me paraît un modèle de sagesse et de fermeté.

ÉDIT DE L'EMPEREUR DE LA CHINE CONTRE LA FUREUR DU JEU, OU NEUVIÈME PRÉCEPTE DE JONG TCHENG, PRINCIPALEMENT ADRESSÉ AUX GENS DE GUERRE.

« Ne forcez pas votre empereur, qui n'est en effet que votre père, à n'être plus qu'un juge.

« Je vous ai souvent répété que nous n'étions heureux que par la vertu ; c'était assez vous faire entendre que nos vices détruisent nécessairement la bienfaisance, la concorde et le bonheur. De tous les vices, je n'en sache point de plus nuisible que la fureur du jeu.

« Moi, qui vois tout, qui entends tout, du fond de mon palais, et qui veille le plus souvent, quand le crime ourdit sa trame dans les ténèbres; moi, qui, vous le savez, déteste le mensonge plus que je ne crains la mort, j'affirme qu'il n'est point de manie plus féconde en calamités publiques et secrètes, que la manie du jeu. Oui, j'affirme qu'il n'est point d'hommes plus âpres que les joueurs, plus enclins au mal; ils se feraient horreur, s'ils se connaissaient mieux; je les connais, écoutez donc.

« Pourquoi le joueur continue-t-il presque toujours? Hélas ! c'est qu'il a commencé.

« Quiconque ne sait pas résister aux premières amorces, attise un feu que bientôt il ne pourra plus éteindre. On ne joue d'abord que par complaisance, ou par désœuvrement; on ne donne d'abord au jeu que des moments, puis des heures, puis des jours, puis des nuits entières; et c'est ainsi que la passion, s'allumant par degrés, dévore le temps plus cher que l'or, et fait oublier les devoirs les plus sacrés.

« L'habitude une fois enracinée, les joueurs ne respirent plus que pour satisfaire leur passion. Leur rage ne finit pas avec les aliments qui la nourrissent. Au lieu de se retirer du jeu, lorsqu'ils ont tout perdu, ils y sèchent d'impuissance; mais ils regardent jouer.

« L'un abandonne ses fonctions publiques, l'autre néglige l'art dont il tirait sa subsistance et celle de sa famille. Incapables de tout, ils ne rêvent qu'au jeu: pour y suffire, ils vendent leurs maisons, leurs terres, ils se vendraient eux-mêmes, tant le désir et l'espérance les aveuglent !

« Les insensés ! que veulent-ils? qu'espèrent-ils? Nous ruiner impunément ? ils commencent par eux; c'est là le sort du plus grand nombre. Ceux qui prospèrent aujourd'hui, demain seront dans la misère. Cependant ils triomphent, ils ne doutent plus de rien, quand ils ont dépouillé quelqu'un; attendez, ils seront dépouillés à leur tour. Malgré le succès, on les fuit, on les déteste; les honnêtes gens les montrent de loin, comme l'opprobre du pays. Gardez-vous-en, disent-ils: le besoin qui les tourmente, suppose tous les vices ou les suggère.

« Je défends le jeu : si quelqu'un brave mes ordres, il bravera la Providence; il contredira le vœu de la nature qui nous crie : Espérez, mais travaillez; les plus actifs seront les mieux traités.

« Si j'étais mieux secondé, le soleil ne verrait pas un pauvre dans toute l'étendue de mon empire; mais que peut la volonté d'un seul contre les volontés de tant de millions d'hommes, qui ne soupirent qu'après le superflu?

« Ce sont ces vœux insatiables qui font les

joueurs, et qui les prosternent aux pieds de leurs idoles, comme si le hasard ou le destin leur devait des préférences.

« Dès le commencement de mon règne, j'annonçai que je voulais bannir le luxe, la mollesse et les jeux de hasard.

« Officiers, soldats, et vous qui m'appartenez par les liens du sang, si vous m'aimez, si vous respectez votre prince, ne soyez pas des joueurs.

« L'honneur, le travail, l'économie, voilà des sources où vos pareils, au lieu de s'en rapporter au hasard, doivent puiser pour le présent et l'avenir. Vous avez votre paie, ménagez-la; quelques uns ont des terres, qu'ils les fassent valoir; et quand les moissons seront abondantes, qu'ils songent à la stérilité.

« Pour la dernière fois, il en est temps encore, que les joueurs se corrigent, mais sans délai.

« Vous m'avez entendu; je le dis à regret, il faut pourtant le déclarer, je punirai les infracteurs quels qu'ils soient; je les punirai, vous dis-je, fussent-ils mes propres fils. »

Je ne crois pas que cet édit, si plein de force et de dignité, ait guéri beaucoup de Chinois, mais ce dont je suis sûr, c'est que les ordonnances, rendues dans notre pays, ont corrigé très-peu de Français. Quelques personnes parviennent à secouer le joug de cette cruelle manie ; elles sont en si petit nombre, que l'on pourrait les citer; en général, rien n'use cette fatale passion, rien, pas même la ruine ; la mort seule peut y mettre un terme. Le joueur stupide (et tout joueur le devient) veut retrouver ce qu'il a perdu, et s'il a gagné, veut gagner encore. *Auri sacra fames.*

Le jeu dessèche l'ame : le joueur dont le cœur est le plus noble et le plus élevé, devient indifférent à tout, au moment où il joue; et tel qui aurait donné dix louis pour sauver l'honneur ou la liberté d'un père de famille, ne donnerait pas un écu, si l'on venait implorer sa pitié, quand la partie est engagée (1).

---

(1) Louis XIV, qui aimait beaucoup Dufresny, et se

C'est cette passion du jeu, répandue si universellement, qu'on pourrait l'appeler cosmopolite, c'est ce penchant irrésistible d'une nature corrompue, qui a fait croire à quelques hommes d'État qu'il valait mieux tolérer certaines maisons, dont la surveillance est facile,

---

plaisait à le combler de bienfaits, sans pouvoir jamais l'enrichir, parce qu'il ne cessait de jouer et de perdre, lui défendit très-expressément de blasphémer en jouant, comme il en avait l'habitude. Dufresny en fit la promesse au monarque irrité. Il retourne au jeu, et sur le point de se soulager à sa manière, il pense au roi, et se retient quelque temps. Enfin, n'y pouvant plus tenir, il quitte la partie, avec quelques louis qui lui restaient encore, marche au hasard, en se pressant les lèvres, et va s'asseoir auprès du feu, où il aperçoit un pauvre diable mis *à sec*, par un sort impitoyable, se tordant les mains et poussant de profonds soupirs. « Qu'avez-vous ? » lui dit-il. — « J'ai, répondit l'autre, que cet exécrable jeu vient de m'enlever jusqu'à mon dernier écu, et que je ne puis pas rattraper mon argent. » — « *Tant mieux !* s'écria Dufresny, *tant mieux !* tenez, voilà quelques louis, retournez jouer, et, si vous perdez, jurez pour moi, car le roi me l'a défendu. »

que de risquer de voir se multiplier les jeux clandestins. Je ne puis partager, ni cet avis, ni cette crainte. Les tripots ne se multiplieront pas quand on établira des amendes énormes contre ceux qui les tiendront. On sera nécessairement averti de l'existence de ces maisons, par les joueurs dupés qui viendront rendre témoignage, et le gouvernement, dans son active surveillance, aura pour associés tous les pères de famille, tous les chefs d'établissements intéressés à conserver leurs enfants et leurs ouvriers. La vigilance des magistrats ne pourra jamais être trompée, dans les villes de province. Aucune n'est assez considérable, pour que les réunions illicites puissent y échapper aux regards de la justice. Paris seul pourrait, par son immense étendue, offrir quelques chances d'espoir au vice réfractaire : eh bien, c'est dans cette ville, c'est au Palais-Royal surtout, qu'on peut appeler la capitale de Paris, qu'il faudra déployer toute l'activité d'une surveillance infatigable. Si, dans quelques occasions très-rares, cette surveillance est déjouée, la justice aura rempli ses obligations : il résultera, d'ailleurs, un bien immense de la clôture des maisons publiques. Les assemblées secrètes ne seront composées que d'un très-petit nombre d'affidés, et au moins, les négociants, les notaires, les avoués, les receveurs de rentes, dominés par cet affreux penchant, ne trouveront plus de ces infames repaires, où ils sont sûrs d'être reçus en se présentant, et dans lesquels ils peuvent consommer, en un instant, et tout à la fois, la ruine de leurs familles et celle de leurs clients.

Si j'insiste avec autant de force sur la clôture des maisons de jeu, on devine, par-là même, ce que je pense de l'habitude, consacrée depuis trente ans, en France, de tirer un produit quelconque de la ferme des jeux. Ici, je l'avouerai, les expressions me manquent pour peindre l'horreur que m'inspire un pareil impôt; c'est l'immoralité érigée en principes, par mesure de finances. Un honorable pair, en demandant la suppression de cette taxe infâme, priait la Chambre de considérer : « que le revenu des « jeux n'entrait que pour une faible somme dans « les recettes de l'état, et que sa suppression « n'aurait pas de conséquences bien graves « pour nos ressources financières. »

Ce n'est pas par un pareil motif que j'invoquerai la destruction de cet épouvantable abus; je soutiens, au contraire, qu'il faudrait encore le détruire, lors même qu'il rendrait à l'état un revenu de cent millions. Je suppose (toute supposition est permise) qu'un gouvernement ennemi de la France lui proposât un tribut annuel de cent millions, sous la condition qu'un seul Français, un seul serait sacrifié à son ressentiment. Accepterions-nous une pareille clause ? L'indignation publique a déja répondu que cent millions ne dédommageraient pas de la perte d'un seul homme, qu'ils ne pourraient pas être la rançon de sa vie. On voit où j'en veux venir. Puisque le gouvernement ne sacrifierait pas un seul Français pour une pareille somme, pourrait-il en être tenté au prix des innombrables victimes que fait tous les ans une passion funeste, au prix de l'honneur des familles et contre toutes les lois de la morale? et ce qu'il ne ferait pas pour cent millions, il le fait pour cinq! On ose à peine le dire, on ose à peine le croire. En touchant cet infame salaire, le gouvernement fait plus que tolérer le crime; il le protége, il joue, il gagne au jeu, il est le banquier du vice.

Mais, dira-t-on, ces cinq millions laisseront un vide dans le trésor !.... Personne n'est plus éloigné que moi de créer des embarras au gouvernement; il est pourtant vrai de dire qu'aux yeux de la morale, on n'est pas libre de tirer parti des moyens dangereux, et que ce qui nuit à tous ne peut pas être utile à l'état. Les gouvernements ne doivent pas ressembler aux chimistes, qui cherchent des remèdes dans les poisons; d'ailleurs de nouveaux tributs avoués par la morale (1) ren-

---

(1) Dans un excellent ouvrage intitulé : *Influence de l'impôt sur la moralité, l'activité et l'industrie des peuples*, M. de Monthion propose une taxe sur les domestiques; voici ses propres expressions :

« Les domestiques qui peuvent être un objet d'impôt,
« sont ceux attachés au service personnel. Être servi par
« autrui préjuge la possession d'une fortune au-dessus du
« nécessaire, et dès-lors est un titre pour être imposé. La
« pluralité des domestiques est une preuve de la richesse,
« le grand nombre en est l'abus. Que la vanité, le luxe,
« la mollesse, s'emparent de tous les travaux et de tous
« les soins d'une foule d'hommes dans la fleur de l'âge, de
« la plus grande taille et de la plus grande force, tandis
« qu'ils pourraient être employés à des fonctions utiles à
« la société, à féconder la terre, à vivifier l'action des
« arts, à défendre le pays; c'est un de ces vols qui n'est
» pas prévu par les lois, que se permet la probité, qu'au-

dront au trésor les sommes que pourrait lui enlever la suppression des maisons de jeu, tandis que si le mal dure, rien ne pourra rendre l'honneur aux familles, ni la vie aux victimes volontaires.

Le premier magistrat de la capitale disait

« torisent le préjugé et l'usage, mais dont il doit être fait
« justice par l'impôt.

« La taxe sur les domestiques doit être graduée en
« raison de leur nombre, de leur âge et de l'emploi au-
« quel ils sont destinés; leur nombre et leur âge sont re-
« latifs au tort fait à l'état; leur genre d'emploi indique le
« degré d'opulence du maître; d'après cette évaluation, le
« second domestique doit être sujet à une taxe plus forte
« que le premier, et ainsi de suite. La même progression
« étant suivie pour les autres domestiques, ceux d'entr'eux
« qui ne sont destinés qu'au luxe, à la représentation, ou
« à favoriser le raffinement de la vanité, doivent être frap-
« pés d'une plus forte taxe.

« Ce sage et juste plan de contribution, admis dans
» quelques pays, devrait être employé en France. » (Sur
l'*Impôt*, par M. de Monthion, pag. 158.)

à l'une des dernières sessions : « Le jour où « le conseil municipal croira possible de sup- « primer les jeux, il le demandera avec in- « stance. »

Trois ans se sont écoulés depuis que la tribune a retenti de cette déclaration solennelle : le moment qu'un magistrat homme de bien appelait de tous ses vœux, est enfin arrivé ; et tel que ce vieux Romain qui répétait d'une voix infatigable : *delenda est Carthago*, je crierai avec l'énergie d'une indignation toujours croissante : fermez ces repaires infames où nul honnête homme n'oserait entrer, s'il était obligé de dire son nom ; fermez ces écoles du vice (1) ; fermez ces pépinières du crime

---

(1) Pour que la clôture des maisons de jeu n'ait que des résultats utiles, il faut que les personnes attachées à ces établissements, qui n'ont que leur emploi pour vivre, trouvent dans la protection du gouvernement d'autres places qui assurent leur existence.

qui justifient tous les jours cette inscription, qu'il faudrait graver sur chacune de ces maisons de ruine :

> Il est trois portes à cet antre,
> L'espoir, l'infamie et la mort;
> C'est par la première qu'on entre,
> C'est par les deux autres qu'on sort.

DES DUELS.

Le duel a pris naissance chez les peuples du Nord. Les Scandinaves ayant fait au cinquième siècle une irruption en Italie, y établirent cette coutume barbare. Charlemagne qui soumit les Lombards en 775, encouragea les duels à son retour en France. Le point d'honneur une fois établi, on rédigea une espèce de *code*, dans lequel on évalua les injures, et l'on fixa le degré de vengeance que l'on devait en tirer. Dans ce *tarif de l'honneur*, les coups de canne et les soufflets étaient une injure au premier chef; l'offensé était tenu de répandre jusqu'à la dernière goutte du sang de l'adversaire; s'il fuyait, il était obligé de le suivre jusqu'aux extrémités du monde. S'il reparaissait après vingt ou trente ans d'absence, on était tenu de l'attaquer, comme au jour même de l'insulte.

Un démenti en face et des paroles outrageantes formaient une seconde classe d'injures, qui exigeaient aussi le duel.

Le code portait encore que l'honneur offensé ne reconnaissait ni parents, ni amis; et qu'il ne brillait jamais davantage, que lorsque étouffant la nature et tous les sentiments qu'elle inspire, on traitait ses parents en ennemis.

Saint Louis fit paraître plusieurs édits contre les duels, et jamais il ne put les abolir dans les cours de ses barons.

Philippe-le-Bel rendit deux ordonnances contradictoires ; par celle de 1303, il défendit les duels ; par celle de 1306, il les permit pour homicides et trahisons.

Le système de la chevalerie, si brillant pour l'imagination, contribua beaucoup à perpétuer les duels; les tournois et les joutes entretinrent les habitudes sanguinaires. On recommandait à tout jeune homme qu'on armait chevalier de ne pas souffrir d'injures, et on lui apprenait à les laver dans le sang.

Les guerres d'Italie introduisirent en France des usages encore plus barbares que les duels ; à l'exemple des peuples de ces contrées, on assassinait son ennemi dans la rue ; des relais placés hors des murs, dérobaient le meurtrier à toute punition. La loi prononça la peine de la roue contre les auteurs de ces assassinats.

« En mon enfance, dit Montaigne, la noblesse
« fuyait la réputation de bon escrimeur comme
« injurieuse. Je voudrais, ajoute-t-il, que l'on
« m'expliquât ces lois d'honneur, qui vont si
« souvent troublant et choquant celles de la
« raison. »

Sous le règne d'Henri II, de Charles IX, d'Henri III, d'Henri IV et de Louis XIII, les défenses les plus sévères furent renouvelées, on les éluda toujours. Les souverains donnèrent quelquefois eux-mêmes l'exemple des combats singuliers; Charles IX, roi de Suède, défia Christian IV, roi de Danemark; et François Ier, Charles-Quint.

Un duel fameux eut lieu à Paris, sous la minorité de Louis XIV, entre le duc de Beaufort et le duc de Nemours; ce dernier fut tué; on prenait alors des seconds; celui du duc de Beaufort fut tué par celui du duc de Nemours, qui se battit avec rage pour venger sa mort.

Louis-le-Grand, celui de tous les souverains, peut-être, qui sut le mieux faire respecter ses volontés, parvint à peine à diminuer le nombre des duels, et ne réussit jamais à en supprimer l'usage. On les déguisa seulement sous le nom de rencontres.

Un spadassin de profession défia le fameux Jean Bart; celui-ci fit disposer deux barils de poudre, et dit à son adversaire : « Je monte sur « l'un, montez sur l'autre et mettez-y le feu, « ou je vous en éviterai la peine. » Le duelliste changea d'avis.

Le grand Frédéric, indigné d'un usage qui

décimait ses armées, et lui enlevait ses meilleurs officiers, résolut d'y mettre un terme. Deux colonels lui ayant demandé la permission de se battre en duel, il la leur accorda, et voulut seulement connaître l'heure et le lieu du rendez-vous. Les deux champions, arrivés sur le champ de bataille, trouvèrent un bourreau, monté sur une potence toute dressée; ils demandèrent pour qui se faisaient ces apprêts, et on leur répondit que c'était pour celui des deux adversaires qui survivrait à l'autre.

Montesquieu flétrit le duel dans l'*Esprit des lois.* (1) « Cet usage, dit-il, vient de la barbarie
« de nos pères, de ces temps où la justice hu-
« maine, sans principe, sans guide, soumettait
« à Dieu la décision des contestations qu'elle
« était incapable de terminer, et croyait que cette
« décision devait dépendre de l'événement d'un
« combat dans lequel l'auteur de toute justice
« ferait triompher l'innocent; comme si le créa-

---

(1) Tome III, page 147.

« teur devait produire un miracle, pour sup-
« pléer à l'action du juge. »

Louis XV multiplia les édits contre les duels; Louis XVI suivit son exemple, sans obtenir aucun résultat positif. Au lieu d'attribuer la prolongation de cet abus gothique à l'inexécution des ordonnances, il serait peut-être plus juste de dire qu'elles n'ont pas été exécutées, parce qu'elles ne pouvaient pas l'être.

La première de nos assemblées crut aussi devoir sévir contre les duels; Grouvelle lui fit parvenir une adresse, dans laquelle on remarquait ce passage : « Un député appartient tout
« entier à ses commettants; son absence infirme
« la majorité; il n'a pas le droit de se tuer, à
« plus forte raison de se faire tuer. Son duel
« est un crime de lèze-nation. »

Mirabeau se pénétra de ces principes qui lui parurent salutaires. Quelqu'un lui ayant un jour envoyé un défi, il tira gravement un carnet de sa poche, et lui répondit : « Je vais
« vous inscrire, vous êtes le dixième. » Une

autre personne lui ayant envoyé un cartel : « Je
« ne peux vraiment pas, lui dit-il, *j'ai refusé*
« *mieux*. »

Le vicomte de Mirabeau, son frère, acceptait au contraire, très-volontiers, les propositions de ce genre. A la fin de 1790, il fut blessé dangereusement, et l'on craignit pour sa vie. Mirabeau fut le voir, et le malade, qui n'était pas accoutumé à ces sortes d'attentions, lui dit avec malice : « Je vous remercie, mon
« frère, de votre visite; j'en suis d'autant plus
« touché, que vous ne me mettrez jamais à
« même de vous la rendre, dans une occasion
« semblable. »

D'autres députés ne furent pas non plus arrêtés par la crainte de commettre un crime de *lèse-nation*. Au mois d'août 1790, Barnave et Cazalès se battirent; ce dernier fut grièvement blessé. Quelque temps après, M. le duc de Castries eut, avec M. Charles Lameth, une affaire, où il fut à la fois vainqueur et vaincu;

vainqueur, puisqu'il blessa son adversaire; vaincu, car l'hôtel de Castries fut pillé de fond en comble, en expiation de sa victoire.

Un usage bizarre, mais qui a produit les plus heureux effets, s'est établi en Angleterre, d'abord sur les vaisseaux, dans les régiments, et ensuite dans les sociétés particulières; je veux parler d'envoyer quelqu'un à *Coventry*. Quand un homme se montre grossier dans son langage ou dans sa conduite, on l'envoie à *Coventry*, c'est-à-dire qu'on le suppose absent, et alors il reste entièrement isolé : personne ne lui parle, personne ne lui répond, et tout le monde cause librement de lui, en sa présence; si l'on conserve pour lui quelque considération, on témoigne (de manière à ce qu'il puisse entendre) le désir de le voir changer de caractère; mais on ne prête aucune attention, ni à ce qu'il dit, ni à ce qu'il fait. Dans les premiers moments, la personne envoyée à Coventry est querelleuse, et menace de se battre avec tout le monde; mais on n'a pas l'air de s'en apercevoir, car la règle veut qu'elle soit réputée absente. On n'est nullement sensible à ses injures; au contraire, plus elle se fâche, plus on rit. Cela dure jusqu'à ce qu'elle soit fatiguée de sa situation, ce qui arrive quelquefois au bout de quelques semaines, et même au bout de quelques jours. Si elle désire alors sincèrement revenir de *Coventry*, et qu'elle consente à faire des réparations, les personnes de la société s'apprennent mutuellement son retour; tout le monde s'en félicite, et le passé n'est jamais rappelé.

Je me souviens que, me trouvant à Londres, en 1795, je lus dans les journaux une ordonnance du Roi, que je trouvai fort sage: un des articles portait que toute place, qui viendrait à vaquer dans un régiment, par suite d'un duel, ne serait pas remplie par un officier du même régiment. Cette mesure eut les plus heureux effets, et l'on a calculé que, depuis cette époque, le nombre des duels était beaucoup diminué.

Cette funeste manie, dont La Bruyère parle au chapitre de la mode, n'a plus, en France, autant de partisans; mais je regarde comme impossible de l'anéantir par une loi.

Je suis bien loin de vouloir faire l'apologie du duel, j'avouerai même que, considéré en lui-même et de sang froid, il est absurde, en ce sens qu'il ne prouve rien. Un homme se bat, parce qu'on l'a traité de fripon; s'il tue son adversaire, il n'aura pas démontré qu'il est honnête homme; si, au contraire, il est tué, on ne lui aura pas prouvé qu'il est un fripon. Le duel blesse la religion et la morale; on peut dire, même, qu'il est en opposition avec la Charte qui nous régit, puisqu'elle emprunte toute sa force de la loi, tandis qu'il ne connaît de loi que la force. Tout cela est vrai, tout cela est incontestable; mais ce qui ne l'est pas moins, c'est qu'il est impossible de faire punir comme un crime, le noble élan de susceptibilité chevaleresque, inhérent au caractère de notre nation.

Le reproche que je fais au projet adopté par la Chambre des pairs contre le duel, c'est qu'il inflige des peines très-fortes à celui qui ne se bat que pour venger une offense grave. Ceux qui ont élaboré la loi, n'ont pas réfléchi qu'en France, un homme qui a été insulté, est déshonoré par l'opinion, s'il ne se bat pas, et qu'il ne peut pas être condamné, pour n'avoir pas voulu être déshonoré. On sera convaincu de cette vérité quand on aura lu l'anecdote suivante :

M. d'H...., ancien officier de cavalerie, insulte un jeune lieutenant qui appuyait fortement sur la cuisse d'un soldat de recrue, soupçonné d'avoir voulu faire croire à une infirmité factice. Le lieutenant ne répond rien d'abord, mais les injures deviennent trop graves, pour qu'il puisse les supporter ; il repousse durement l'agresseur, qui le provoque en duel

pour le lendemain. On se rend sur le terrain :
M. d'H..., voyant que le témoin du lieutenant
n'est pas arrivé, ajoute aux premières insultes
de nouveaux outrages, et chante, en passant
près de lui : *Je vous attends à l'ombre de la
nuit; je savais bien que nous ne nous battrions
pas;* et il accompagne ces paroles de plusieurs
expressions injurieuses. « Soyez tranquille, lui
répond le lieutenant, nous nous battrons... »
Le témoin arrive, on se bat ; M. d'H..., est
tué. C'est un grand malheur, sans doute; mais
n'avait-il pas, pour ainsi dire, couru au-devant
d'une si triste destinée? Était-il possible que
ce jeune lieutenant, endurât de pareils outrages, et se laissât traiter de lâche, sur le
terrain, sans prouver qu'il ne l'était pas? J'affirme qu'il n'y a pas, en France, un seul officier capable d'un pareil effort sur lui-même,
et cependant, d'après la loi proposée, il aurait
été traduit devant les tribunaux, et malgré les
circonstances atténuantes, les juges n'auraient

pas eu la possibilité de l'acquitter. Je dis alors que la loi est trop sévère, qu'elle serait sans cesse éludée, et que ses dispositions les plus terribles n'empêcheraient pas ceux, qui se croiraient offensés, d'avoir recours au combat singulier. Il faut prendre nos mœurs telles qu'elles sont ; le préjugé du duel (car je reconnais que c'en est un) est très-affaibli, mais il n'est pas détruit, et un malheur récent en fournira la preuve.

M. de V., officier de l'armée française en Morée, avait eu une altercation avec un de ses camarades, qui s'était permis publiquement envers lui des propos outrageants. M. de V., qui s'était distingué sur les champs de bataille et qui avait donné en vingt occasions des preuves de la plus brillante valeur, crut pouvoir mépriser ces outrages, et n'en demanda pas satisfaction. Sa conduite fut blâmée par tous les officiers de son régiment, au point que personne ne voulut plus entretenir aucun commerce avec lui, et qu'il fut réduit au plus complet isolement. Le chagrin s'empara de lui, son imagination s'exalta, et ne pouvant supporter la pensée du déshonneur, il prit d'une main un miroir pour être plus sûr de son coup, de l'autre un pistolet, et se brûla la cervelle. On pourrait ajouter de nombreux exemples à celui que je viens de citer. Le flegme n'est ni dans nos habitudes, ni dans notre caractère, ni dans notre sang; c'est en vain que l'on veut argumenter de la possibilité d'obtenir une réparation des magistrats; il est plus d'une occasion, où il serait impossible de recourir à ce moyen. Celui qui, ayant reçu un soufflet, en demanderait justice aux tribunaux, ne tarderait pas en recevoir d'autres; et tel homme de lettres qui, après avoir écrit avec chaleur et conviction contre le duel, serait insulté pour le fait même de son ouvrage, n'hésiterait pas à répondre les armes à la main: il oublierait ses principes pour céder à ses sentiments, tant le point d'honneur a de puissance !

Faut-il en conclure, qu'on doit laisser un libre cours aux passions des hommes et qu'ils ont le droit de s'égorger impunément? Certes, une pareille conclusion serait bien loin de ma pensée.

Je voudrais d'abord une loi forte, terrible, et d'une exécution rapide, contre les provocateurs, véritables assassins qui, substituant la force au droit, s'élancent, poussés par un instinct brutal, contre les personnes les plus inoffensives, les insultent par plaisir, tendent des piéges à l'honneur, et reparaissent dans les théâtres et les promenades, après avoir tué un homme, aussi gaiement que s'ils avaient rendu un service, ou fait quelque bonne action. Les lois ne peuvent pas être trop sévères contre de tels misérables; la peine des galères leur serait appliquée, que ce serait justice : on leur ferait encore grace de la vie, dont les monstres n'ont pas fait grace à leurs semblables. Je voudrais aussi qu'un châtiment quelconque fût infligé à celui qui, même en ayant le bon droit pour lui, aurait tué son adversaire. Il est juste que le législateur témoigne, par quelque disposition pénale, qu'il désapprouve le duel: la morale l'exige; il faut, d'ailleurs, une loi précise, pour fixer la jurisprudence encore incertaine. La Cour royale dit qu'un combat singulier n'est pas un meurtre, et la Cour de cassation établit la doctrine contraire; la loi de l'État peut, seule, mettre les tribunaux d'accord; mais il faut la faire avec maturité, avec réflexion, en ménageant, jusque dans ses écarts, la susceptibilité française. L'honneur est comme la grace, on le sent, et on ne le définit pas : il y en a un pour chaque état, pour chaque position; de jour en jour, la manie du duel s'affaiblit; de jour en jour, la loi deviendra donc plus facile à faire; car, on ne doit jamais oublier ce précepte politique d'un pu-

bliciste immortel (1) : « Il faut changer par les
« lois, ce qui est établi par les lois ; et changer
« par les mœurs, ce qui est établi par les
« mœurs. »

---

(1) Montesquieu.

DE LA NOBLESSE.

L'origine de la noblesse française se perd dans la nuit des temps.

Son époque la plus brillante était celle où l'on admettait les preux à l'ordre de la chevalerie, en récompense de leurs travaux, et en honneur de leurs cicatrices. Les rois eux-mêmes ambitionnaient ce genre de noblesse. François 1er fut reçu chevalier par Bayard.

On conférait alors la noblesse pour toutes les actions d'éclat; ceux qui blâmeraient cet antique usage feraient un crime aux rois de la reconnaissance.

Philippe-Auguste, après la bataille de Bovines, dut la vie à l'un de ses plus braves guerriers. Renversé de cheval, il allait périr, lorsque l'un des 24 chevaliers, commis à la garde du prince, Dieu-Donné d'Estaing, le tira de ce péril imminent, et sauva aussi l'écu du roi: Philippe-Auguste, en récompense d'un si grand service, lui permit de porter les armes de France.

Louis XIV, auquel le destin fit expier, par les dernières années de son règne, ses longues prospérités, apprenant que *Villars* va livrer une bataille, d'où doit dépendre le sort de la France, lui écrit ce billet, où le roi se montre plus grand que son malheur : « Si vous êtes
« battu, je ne désespérerai point encore; je
« traverserai Paris, à la tête de ma fidèle no-
« blesse; cent mille hommes me suivront, et
« nous irons droit à l'ennemi. »

On a souvent reproché à la noblesse française ses priviléges; il suffit d'avoir lu l'histoire, pour savoir que les nobles, chez les anciens, réunissaient des avantages bien plus nombreux. Les chevaliers romains, qui formaient en quelque sorte dans l'État une seconde noblesse, non contents du gain qu'ils faisaient sur la perception des finances, obtenaient, tous les jours, des exemptions (*immunitates*). Il est vrai que cette avidité les exposa à de justes critiques : c'est contre eux que Scaliger a fait ce jeu de mots latin : *Equites romani publicani, potiùs quam republicani;* « les chevaliers romains sont plutôt des publicains que des républicains. »

Considérée comme véhicule moral, la noblesse est une institution très-sage et très-heureuse. N'est-ce pas la plus louable des ambitions que celle qui inspire à un noble le désir d'imiter ses ancêtres, de s'approprier, pour ainsi dire, leur gloire, et de pouvoir se dire : *quod antè nos fuit, nostrum est;* « ce qui fut avant nous, est à nous. » Un écrivain distingué (1),

--

(1) M. le duc de Lévis.

que sa précision pourrait faire surnommer le Perse des moralistes, a renfermé une grande et belle pensée en deux mots : *noblesse oblige*.

L'usurpation de la noblesse est un abus fort commun de nos jours, et qui remonte à une époque très-reculée; l'orgueil est de tous les temps : sous le ministère de Colbert, on fit plusieurs fois la recherche des faux nobles (1), pour relever l'éclat de la véritable noblesse; mais la manière de procéder fut mauvaise, et le remède que l'on prit, pour ce genre de recherches, pensa être aussi funeste que le mal. Les traitants, chargés de ce travail, se laissèrent corrompre par les faux nobles qui purent les payer. Les véritables nobles furent tourmentés de mille manières, au point qu'il fallut rechercher les traitants eux-mêmes, et ceux-ci trouvèrent encore moyen d'échapper à la peine qu'ils méritaient.

Ne pouvant se faire un nom, bien des gens

---

(1) Encyclopédie méthodique.

prennent aujourd'hui le parti de s'en donner un. Rien n'est plus divertissant que le travers de ces vieux roturiers qui, poursuivant un peu tard les distinctions honorifiques, veulent à tout prix figurer dans l'almanach nobiliaire. J'ai connu un de ces bourgeois gentilshommes, qu'on avait appelé toute sa vie Robert, comme ses modestes aïeux; voilà qu'à 75 ans, il veut un titre pour lui, pour lui seul, car il n'a pas d'enfants. Il achète une petite propriété, et malgré la disposition formelle de la loi, il prend hardiment le nom de la commune où elle est située; il change ses cartes de visite, et il exige que ceux qui, depuis 60 ans, avaient écrit à M. Robert, écrivent à M. Robert *de la Source*. *O stultas hominum mentes!*.... Un autre s'adjuge impudemment le *de*, sans s'inquiéter de l'effet bizarre que produira la particule, et signe *de Legris*. Un autre partage son nom en deux, et du mot *Dupré*, fait *du Pré*. Un autre enfin usurpe une apostrophe, qui lui donne une apparence de noblesse ; et au lieu de *Duval*, il signe *d'Uval* (1). On ne saurait citer toutes ces supercheries de la vanité, toutes ces ruses de l'amour-propre, contre lesquelles la raison et le bon sens réclament. Des imposteurs, plus hardis encore, deviennent, tous les jours, par leur seule volonté, Chevaliers, Comtes, Marquis ou Barons, et se donnent ainsi tous les titres imaginables, sans avoir besoin de lettres patentes. De tels abus doivent fixer l'attention du gouvernement : dès qu'ils sont connus, ils sont frappés par le ridicule, qui est, chez nous, le suppléant des lois ; mais il faut qu'ils le soient par les lois elles-mêmes. On livre aux tribunaux ceux qui portent une décoration, sans en avoir le droit ; les mêmes peines doivent être réservées aux fourbes qui volent des titres ou des noms par des vues

---

(1) Il est inutile de prévenir le lecteur que tous ces noms sont imaginaires ; les faits seuls sont réels : j'offre des tableaux et non des portraits.

coupables, ou par un mouvement misérable de gloriole. On peut enjoindre à tous les maires des villes et villages de France, d'envoyer à la chancellerie les noms et qualités des nobles qui résident dans leur arrondissement; ceux dont les titres ne seront pas en règle, seront condamnés à ne plus les porter, sous peine d'une forte amende; et s'ils continuent, on exercera contre eux des poursuites. On peut accorder le temps nécessaire, de manière, cependant, que ce travail soit terminé dans l'espace d'une année.

Parmi les faux nobles, dont cette mesure inquiétera la vanité, il s'en trouvera beaucoup qui prétendront que, pendant la révolution, leurs titres ont été brûlés : il existe un moyen facile de les confondre; la génération de 1789 n'est pas éteinte, et rien n'est plus aisé que de prouver par des certificats de notoriété, que dans telle ville, ou tel château, telle personne était connue sous tel titre.

Je n'ai plus qu'un mot à dire sur la noblesse :

dans tous les pays du monde, et surtout dans le nôtre, on a épuisé, contre elle, toutes les formules de la proscription et du mépris; la tyrannie a usé son glaive, l'éloquence ses foudres, l'égalité ses maximes, la rhétorique ses lieux communs; mais il faut que, politiquement parlant, la noblesse soit indispensable dans un gouvernement bien constitué; car, si l'on a fait la révolution tout exprès pour en détruire une, vingt-cinq ans plus tard, la loi de l'état en a reconnu deux (1).

---

(1) La noblesse ancienne et la noblesse nouvelle sont maintenues. (Art. 71 de la Charte.)

DE LA MENDICITÉ.

La mendicité est la lèpre des états civilisés ; cette livrée de la misère attriste la vue quand elle ne l'épouvante pas, témoigne chez les esprits prévenus, contre la prospérité d'un pays, et chez les esprits raisonnables, contre la bonne administration d'un royaume. Deux vérités, également incontestables, doivent être énoncées : tout homme est né pour veiller à sa conservation, et l'on peut dire que telle est la volonté du Créateur; la seconde vérité, qui découle de la première, c'est que tout homme est tenu de *chercher* et de *trouver* les moyens d'assurer sa subsistance. Fort et dispos, il doit se la procurer par son travail, ou par une honnête industrie ; enfant, vieillard, malade, infirme et dénué de ressources, il faut qu'il les rencontre dans le zèle de la charité, sans la provoquer ; c'est là le but de ce chapitre, c'est le chef-d'œuvre d'un bon gouvernement, c'est le problème à résoudre, pour l'extinction de la mendicité.

S'il est difficile, pour ne pas dire impossible, d'extirper ce fléau, c'est qu'il est le produit d'un vice universel, la paresse. Deux besoins contradictoires tourmentent l'homme ; celui de vivre, et celui de ne rien faire : c'est pour les satisfaire tous deux, que la mendicité sollicite des autres ce qu'elle obtiendrait facilement du travail. On a essayé, depuis long-temps, d'opposer à ces spéculations dégradantes des institutions utiles ; ces tentatives honorables ont toujours échoué.

Élisabeth, reine d'Angleterre, publia, dans la 43ᵉ année de son règne, un édit, portant création des inspecteurs des pauvres qui, sous l'autorisation expresse des juges-de-paix, devaient,

1°. Lever, comme taxe, sur chaque habitant, et jusqu'à concurrence de la valeur qu'ils jugeraient convenable, une provision de chanvre, fil, laine, lin et autres marchandises, pour fournir de l'occupation aux pauvres qui n'avaient ni commerce, ni profession, pour gagner leur vie.

Ces inspecteurs devaient, 2° mettre en apprentissage les enfants des indigents;

3°. Imposer, en outre, la taxe nécessaire pour administrer des secours aux vieillards, aux boiteux, aux impotents, et autres malheureux incapables de travailler.

Ces dispositions étaient sages, on en abusa, comme on abuse des meilleures choses; mais il est resté au peuple anglais une volonté noble et réfléchie de soulager l'humanité. Les plus grands génies de l'Angleterre, Locke, le chancelier Bacon, Shakespeare, Fielding, lord Hale, Adam Smith, ont écrit sur ce sujet intéressant ; et leurs ouvrages, consultés tous les jours, sont leurs plus beaux titres à l'immortalité. La France peut aussi présenter à l'admiration des peuples un assez grand nombre d'écrivains généreux, qui ont consacré leurs veilles à des travaux utiles ; les théories les plus brillantes, et même les plus solides, ne nous manquent pas ; la pratique seule est en défaut.

On a rendu, depuis Louis XIII jusqu'à nos jours, un grand nombre d'ordonnances contre la mendicité, je citerai entre autres celles de 1614, 1656, 1662, 1686, 1724 et 1750 ; mais ces ordonnances, qui autorisaient les pauvres à se rendre dans les hôpitaux, les excitaient encore plus à rester oisifs, certains qu'ils étaient de trouver leur subsistance dans l'asile qu'on leur ouvrait ; on manquait donc le but que l'on s'était proposé, et l'on accoutumait ces mendiants à l'idée qu'ils pourraient se soustraire à la charge que tout homme doit s'imposer, d'être utile à la société. En 1790, la première de nos assemblées s'occupa beaucoup de l'extinction de la mendicité, mais sans obtenir aucun résultat définitif (1).

En 1801, le préfet de l'Ourthe et celui du Bas-Rhin essayèrent de délivrer leurs administrés du spectacle hideux de la mendicité; le préfet de la Dyle suivit leur exemple. En 1802, un homme, dont le nom est le synonyme de toutes les vertus, et qu'on était sûr de rencontrer toujours, quand il y avait des larmes à tarir et du bien à faire, le duc Mathieu de Montmorency, membre du bureau de bienfaisance de la fontaine Grenelle, souscrivit, ainsi que plusieurs autres personnes

---

(1) On avait formé un comité composé des évêques d'Oléron et de Rhodez, de MM. de Liancourt, Barrère de Vieuzac, de Virieu, Prieur, Decretot et Guillotin, et de MM. les abbés Massieux, de Coulmiers, David et de Bonnefoy.

généreuses (1), pour faire ouvrir, dans sa section, un atelier de travail, sur le modèle duquel les autres arrondissements furent invités à en établir dans leurs divisions respectives: cette institution précieuse ne fut malheureusement pas de longue durée; la plus mortelle ennemie de la philantropie, la guerre, fit prévaloir d'autres plans, mit à la mode d'autres principes; la gloire fit oublier le bonheur, et il y eut ajournement pour les idées utiles. Paris présenta, pendant plusieurs années, le spectacle le plus affligeant; les promenades et les théâtres étaient encombrés de pauvres; bientôt cet état devint une spéculation : les faux mendiants faisaient du tort aux véritables,

Et clouaient le bienfait aux mains du bienfaiteur (2).

---

(1) MM. Cadet de Chambine, Jullien, Bouriet, La Salle, Vauquelin, Le Blanc, Goret, Cinton, Chevalier et Godard, juge de paix.

(2) *Philinte*, de Fabre d'Églantine.

Si l'on ne peut voir sans attendrissement un malheureux que ses infirmités empêchent de gagner sa vie, et qui n'a d'autre ressource que la pitié du passant; cette pitié se change en indignation, quand on songe à ceux qui spéculent sur la compassion publique, et qui cherchent à toucher le cœur, en trompant les yeux. Ils n'ont pas de maux, ils n'ont que des vices; paresseux et avilis, ils se sont faits mendiants, pour ne pas être ouvriers; ils restent, tout le jour, exposés en public, et couverts de plaies factices; mais, quand la nuit vient, suivez-les dans les cabarets, vous les verrez dissiper, en vin et en liqueurs fortes, l'argent qu'ils ont *surpris* à la bienfaisance publique. Là, ils redeviennent eux-mêmes; le boiteux n'a plus de béquilles, le bossu retrouve sa taille, l'aveugle ses yeux, le manchot met les coudes sur la table, le muet entonne des couplets bachiques; le masque est levé, ils boivent, s'enivrent, et se battent. Cette hypocrisie audacieuse appelle la répression; on doit assistance à l'infortune, et châtiment à ces fainéants, qui demandent sans besoin; qui n'ont du malheur que la livrée, et qui font de la misère une comédie.

Parlerai-je de ces femmes, que l'on peut appeler le rebut de la nature, qui se servent de l'enfance, comme d'un instrument odieux? Je me rappellerai toujours avec horreur avoir vu une de ces misérables, pleine de force et de santé, qui se tenait toujours dans la même rue; elle avait dressé des enfants à demander l'aumône, et tranquillement assise sous une porte, elle leur ordonnait de guetter les passants, à l'endroit le plus fréquenté. Un jour, ces pauvres enfants, occupés de quelques jeux de leur âge, ne m'aperçurent pas, au moment où je traversais la rue avec rapidité. Cette femme les appela rudement; mais ils eurent beau courir, ils ne purent me rejoindre. J'entendis alors des cris affreux, je revins sur mes pas, et je vis qu'on les accablait de coups, pour les punir de n'avoir pas tendu la main. Cette mégère n'était pas une femme, encore moins une mère; c'était une mendiante qui se procurait des *enfants de louage*: celle qui les empruntait était un monstre; mais quel nom faut-il donner à celle qui les prêtait?

L'ancien préfet de la Gironde est parvenu, depuis 1826, à délivrer Bordeaux de la tourbe importune et abjecte des mendiants. Il a fait en cela une chose doublement utile pour la ville magnifique dont il était le premier magistrat, et pour les malheureux qui sont passés d'une situation honteuse et précaire à une position douce et assurée. Secondé par une association d'hommes vertueux et bienfaisants, M. d'Haussez a rencontré cependant de nombreux obstacles; tantôt il était contrarié, dans ses plans, par des personnes qui voulaient bien être charitables, mais sans qu'on leur traçât leur route, et qui avaient leurs pauvres; tantôt les mendiants eux-mêmes se plaignaient qu'on les empêchât de recueillir tous les tributs qu'ils avaient l'habitude de lever sur la bienfaisance publique (1). Aucun obstacle

---

(1) Une anecdote assez piquante, qui se rattache à cette habitude vicieuse, mérite d'être rapportée. Le balayeur de la Préfecture, qui avait une jambe de bois, et se disait militaire en retraite, représenta à M. d'Haussez que son infirmité ne lui permettait pas de se livrer à tous les genres de travaux; que la défense de demander l'aumône lui ferait un tort considérable, et le priverait des secours qu'il recevait d'un grand nombre de personnes charitables. Le Préfet écouta ses observations avec intérêt, persista à lui enjoindre de ne rien demander, et lui promit 10 francs par mois, comme dédommagement des pertes qu'il éprouverait. Quelques jours après, un homme, digne de la plus grande confiance, vint avertir M. d'Haussez que le prétendu militaire en retraite portait une jambe de bois sans nécessité, et qu'il trompait sa bienveillance. Le Préfet hésita d'abord à croire ce récit, on aime à douter d'une pareille impudence; mais vaincu par des assurances réitérées, il mande l'invalide, et lui dit : « Avez-vous réellement besoin d'une jambe de bois ? » Surpris de la question, il se trouble un moment, puis se remet, et répond affirmativement. « C'est ce que nous allons voir, ajoute le Préfet, commencez par ôter votre jambe. » — « Mais, monsieur !... » — « Je vous ordonne de l'ôter. » Le malheureux s'exécute. — « Maintenant pliez la jambe et le genou. » — « Cela

n'arrêta M. d'Haussez, ni les ruses de l'égoïsme cupide qui voulait tromper sa bonne foi, ni les réclamations d'une bienfaisance routinière, ne l'arrêtèrent dans sa marche, et un succès complet a couronné dans Bordeaux ses efforts soutenus et ses travaux philantropiques (1). M. de Belleyme a voulu suivre cet exemple; il a obtenu, en peu de temps, de nombreuses souscriptions, et la mendicité est, il faut en convenir, presque détruite à Paris. On ne peut toutefois s'empêcher de faire une réflexion : le dépôt, établi par M. de Belleyme, est une sorte de prison, et c'est une question très-grave que celle de savoir si la société a le droit de ren-

---

m'est impossible. » — « Voulez-vous que l'on vous aide? » Force fut bien au soi-disant invalide de plier et de replier sa jambe. « Retirez-vous, lui dit le Préfet ; vous êtes un imposteur, ne reparaissez jamais devant moi. » Bientôt on apprit que le pauvre homme était plus riche que la moitié de ceux qui lui faisaient l'aumône.

(1) Voir, à la fin du volume, les Éclaircissements historiques.

fermer des malheureux, par la seule raison qu'ils cherchent à implorer la pitié publique. Il me paraît démontré que l'on ne peut *légalement* séparer par force de leur famille des aveugles, des impotents; et je crois au contraire qu'il est parfaitement permis d'arrêter ceux qui sont en état de se livrer à une occupation quelconque, et qui préfèrent la mendicité au travail; il faut donc ouvrir des ateliers et y faire entrer de force les mendiants valides qui ne travailleraient pas de bonne volonté. Quant aux autres, il faut leur interdire également la mendicité; mais on peut, et même on doit leur porter des secours à domicile. C'est dans cette distribution bien entendue que la bienfaisance fait éclater ce qu'elle a de plus noble et de plus touchant. Prévoyante, active et modeste, elle connaît les malheureux, cherche leur asile, y pénètre avec des consolations, respecte, chez l'infortune, la honte, pire que le malheur, et s'enfuit après l'avoir soulagée, en ne lui laissant plus d'autre besoin que la reconnaissance.

Le premier, le plus sûr moyen de détruire la mendicité, est de sévir contre le vagabondage; un vagabond ne peut être retenu par aucun frein. Inconnu dans les pays qu'il parcourt, il se livre sans crainte à son vice favori, l'oisiveté, qui engendre tous les autres. S'il est, au contraire, retenu dans son pays, le respect humain, puissant véhicule, agira sur lui; il n'osera pas exercer le plus vil des métiers, auprès de ceux qui ont connu ses parents, qui l'ont connu lui-même; il ne demandera plus sa vie, il la gagnera. En Suisse, chaque paroisse a soin de ses pauvres; il faut que la France suive cet exemple: le curé choisira trois personnes qui composeront avec lui le bureau de bienfaisance; ce bureau sera chargé de répartir les malheureux, selon leur situation et leurs besoins, dans les hôpitaux et dans les ateliers; il viendra au secours des plus nécessiteux, il tiendra un registre de comptabilité, et sollicitera pour eux la charité chrétienne : il va sans dire que ses fonctions seront gratuites; elles seront si belles et si honorables, que tout le monde sera heureux et fier de les remplir.

Ces trésoriers du malheur réfléchiront que l'on peut tomber dans l'indigence par différentes causes :

1° Par défaut de travail : — ils établiront des ateliers de charité où les pauvres trouveront *toujours* de l'ouvrage et une existence; c'est un soin que l'on ne prend pas assez dans les villes manufacturières. Il est affreux de penser que d'excellents ouvriers, que des pères de famille recommandables, sont obligés, faute d'ouvrage, de demander l'aumône. J'ai vu, cette année même, ces malheureux infester toute une ville; on les trouve partout; ils obstruent les places publiques, les rues et les marchés; l'aîné de la famille porte quelquefois sur son dos un ou deux de ses frères, et ces mendiants, élevés dans l'habitude d'une paresse intéressée, donnent l'apparence de la misère à une ville opulente, féconde en produits de toute espèce. Une bonté prévoyante suffirait pour écarter à jamais ces tristes tableaux. Des négociants, sollicités par une administrateur habile, fourniraient avec empressement des cotisations volontaires pour l'établissement des ateliers de charité, ressource infaillible que le travail oppose au malheur.

2º On tombe aussi dans l'indigence par *vieillesse* : — le bureau de charité aura, pour les vieillards, des places dans les hôpitaux.

3º Par les ravages de la grêle : — il y a aujourd'hui des compagnies d'assurance.

4º Par les incendies : — la même ressource existe.

5º Par les épizooties : — le bureau de charité fera des avances pour réparer les pertes, et remplir les lacunes produites par la mortalité.

6º Par les inondations : — les fonds particuliers ajoutés aux bienfaits des princes et aux avances des ministères, balanceront les ravages de ce terrible fléau ; enfin, partout où il y aura malheur, il y aura bienfait; partout où il y aura ruine, il y aura ressource : le génie du bien combattra celui du mal, et grâce à l'accord universel, la victoire ne restera pas au dernier.

Il sera de toute nécessité que la bienfaisance refuse ses tributs à la mendicité ; ce serait l'encourager, quand on cherche à la détruire ; il faut aussi que tous les hommes généreux s'entendent sur les aumônes qu'ils veulent faire ; on risquerait, sans cette précaution, de donner trop et trop peu ; ce serait ressembler à ces laboureurs qui, possédant en commun une vaste plaine, sèmeraient, chacun de leur côté, sans s'indiquer la place où ils auraient jeté leur semence, de sorte que tous les grains seraient déposés dans le même endroit, au détriment des autres.

6.

Pour arriver au but que désirent tous les gens de bien, la destruction de la mendicité, il faut organiser, sur toute la surface de la France, ces bureaux de charité dont j'ai parlé plus haut; il faut combiner les ressources, y mettre le temps convenable, et ne pas s'occuper des clameurs de ces brouillons qui font mal le bien, et qui veulent qu'on agisse avant d'avoir pensé (1). Quand toutes ces grandes mesures auront été prises et habilement concertées; quand chacun se sera fait inscrire pour un don volontaire, mais assuré; lorsque tous les chargés d'affaires des pauvres auront organisé entre eux une correspondance active, et qu'ils seront sûrs d'avoir établi un

---

(1) Cette précipitation me rappelle une excellente naïveté d'un paysan qui, voyant un ingénieur donner ordre qu'on plantât des piquets, et que l'on creusât des fossés pour faire un chemin, s'écria : « Pourquoi donc qu'il perd « son temps à faire des trous et à enfoncer des pieux; son « chemin serait bien plus tôt fini sans tout cela. »

juste équilibre entre les secours et les besoins; alors, on pourra proclamer que la mendicité est détruite; de sévères ordonnances contre les délinquants prouveront par des faits que ce n'est pas là un vain mot; et la France heureuse et florissante, ne renfermant plus que des hommes utiles, aura l'apparence de la richesse, comme elle en a la réalité.

DE LA FAMILLE.

Ce mot indique, en France, la réunion de toutes les branches dont se compose un arbre généalogique. En Italie, son acception est encore plus étendue, et l'on entend aussi par-là, les personnes que l'on entretient à son service; le lendemain du jour où l'on a dîné en ville, à Rome ou à Florence, on voit arriver un grand laquais qui réclame un pour boire; et lorsqu'on lui demande à qui est destinée cette *buona mano*, il vous répond : *Per la famiglia* (*pour la domesticité*).

Les grandes révolutions sociales qui ont agité la France depuis 40 ans, ont tellement morcelé les propriétés, divisé les intérêts, renversé les fortunes, changé les existences, que l'esprit de famille s'est altéré; passé le second degré, on ne reconnaît plus de parents, mais les ministres et les gens en place en ont toujours beaucoup. C'est surtout dans les réunions dites conseils de famille, qu'on peut remarquer combien les parents vivent pour ainsi dire étrangers les uns aux autres. Ces assemblées ne sont presque jamais composées comme elles devraient l'être. Souvent il arrive que le conseil ne renferme pas trois membres de la famille; et les décisions les plus importantes sur l'interdiction d'un prodigue, ou sur le sort d'un mineur, sont rendues par des amis vrais ou faux que l'on a convoqués pour faire nombre.

Dans une famille bien née, professant les mêmes principes et qui a reçu la même éducation, lorsque le vent de la fortune pousse un des membres à un poste élevé, à une dignité éminente, c'est lui qui doit redoubler envers les autres de soins et d'amabilité; ses parents, s'ils se respectent, ne changeront pas de manière d'être à son égard, mais il fera, lui, preuve de tact et d'esprit, en témoignant, à tous les siens, plus de complaisance, d'égards et d'obligeance, qu'avant son élévation. L'égalité, brillante chimère des empires, des royaumes et des républiques, ne peut exister réellement que dans les familles. L'homme que la destinée semble avoir pris sous sa protection, s'honore lui-même en faisant oublier, à ceux qui sont moins heureux que lui, le rang qu'il occupe dans l'État. Son amitié doit rapprocher la distance : dès qu'il veut la faire sentir par sa froideur, ou par un changement quelconque dans ses manières, il fait preuve de petitesse, et tous ses parents doivent rompre avec lui. Si l'orgueil triomphe, chez lui, des affections les plus chères; s'il semble rougir dans sa nouvelle fortune de ses anciens amis; si par le seul fait de son élévation, il cesse de traiter familièrement ses frères ou ses proches parents qu'il devrait chérir encore plus, par l'idée seule qu'il peut leur être utile : c'est un homme jugé, sa vanité le rapetisse, et la fierté des autres les relève. Ceux-ci restent des hommes comme il faut, celui-là reste un parvenu. Cette situation singulière me rappelle un mot plein d'une énergie pittoresque. Deux beaux-frères qui n'avaient qu'une fortune médiocre, demeuraient ensemble et se comblaient des preuves multipliées d'une amitié réciproque. Tout-à-coup, l'un des deux enrichi par des spéculations heureuses, devient sec et tranchant, et ne témoigne plus à l'autre la même affection. Celui-ci qui n'avait changé ni de position ni de caractère, ne croyait pas devoir renoncer à ses habitudes, pour plaire au favori de la fortune. Un jour, ce dernier s'étant oublié, à la suite d'une discussion assez vive, jusqu'à employer une expression injurieuse : « Allez, lui dit l'autre, en se levant avec le plus grand sang froid, *allez cuver votre or.* » Il sortit, et ils ne se revirent jamais.

Rien n'est plus touchant, rien n'est plus beau, que le spectacle d'un de ces vieillards à la figure vénérable, faisant les honneurs d'un repas à trente convives qui tous sont ses enfants et petits-enfants. Chef de cette grande colonie, on l'écoute avec respect, on cherche à lire dans ses yeux ce qu'il désire, à deviner sa pensée pour y obéir. A-t-il une indisposition légère ? La tendresse en exagère l'importance. A-t-il une maladie grave ? trois générations se disputent le douloureux plaisir de le garder, de le veiller ; toute sa famille est atteinte du coup qui le frappe, et le jour de son rétablissement est une fête pour tous les cœurs accoutumés à le chérir. Un de ses enfants éprouve-t-il un revers dans sa fortune ? il le répare aux dépens de la sienne ; victime volontaire, il se prive de l'aisance qu'il avait acquise par ses longs travaux ; sa noble vieillesse se résigne à tous les sacrifices, et il paraît plus heureux qu'avant de les avoir faits (1).

---

(1) Ce caractère du père de famille n'est point imaginaire ; je connais le modèle, et je pourrais le nommer : un des plus honorables négocians de la capitale, parvenu à

Lorsqu'une loi cruelle et commune à tous vient enfin terminer cette vie intime qui lui a fait sentir si long-temps le prix de l'existence, ce patriarche adoré meurt comme il a vécu, entouré de ses enfants; et de tous les biens qu'il leur laisse, sa bénédiction est le seul auquel ils pensent.

Un des plus grands poètes que la France ait eus depuis le siècle de Louis XIV, Delille, a fait un admirable tableau de ce moment suprême :

> Mais c'est la mort surtout dont les touchants tableaux
> Placent l'homme au-dessus de tous les animaux;
> Là, dans tout l'intérêt de sa dernière scène,

---

l'âge de 70 ans, et sur le point de quitter les affaires, après avoir réalisé par un travail opiniâtre une fortune de près d'un million, apprend que des opérations malheureuses ont compromis l'existence de sa fille et de son gendre; il se décide alors à continuer le commerce, vend ses chevaux, se met à découvert de 500 mille francs, et semble considérer comme l'accomplissement d'un devoir doux à remplir, ce qu'un homme ordinaire aurait regardé comme un sacrifice impossible à faire.

Paraît la dignité de la nature humaine.
Dans leur stupide oubli, les animaux mourants
Jettent vers le passé des yeux indifférents;
Savent-ils s'ils ont eu des enfants, des ancêtres,
S'ils laissent de regrets, s'ils sont chers à leurs maîtres?
Gloire, amour, amitié, tout est fini pour eux :
L'homme seul, plus instruit, est aussi plus heureux.
Pour lui, loin d'une vie en orages féconde,
Quand ce monde finit, commence un autre monde;
Et du tombeau qui s'ouvre à sa fragilité,
Part le premier rayon de l'immortalité.
Son ame se ranime, et, dans sa conscience,
Auprès de la vertu retrouve l'espérance.
De loin il entrevoit le séjour du repos,
De ses parents en pleurs il entend les sanglots;
Il voit après sa mort leur troupe désolée
D'un long rang de douleurs border son mausolée :
Au sortir d'une vie, où de maux et de biens
La fortune inégale a tissu ses liens,
Il reprend fil à fil cette trame si chère,
Dont la mort va couper la chaîne passagère.
Le souvenir lui peint ses travaux, ses succès,
La gloire qu'il obtint, les heureux qu'il a faits.
Ainsi, sur les confins de la nuit sépulcrale,
L'affreuse mort, au fond de la coupe fatale,
Laisse encore pour lui quelques gouttes de miel;
Il touche encor la terre, en montant vers le ciel.
Sur sa couche de mort, il vit pour sa famille,

Sent tomber sur son cœur les larmes de sa fille,
Prend son plus jeune enfant, qui, sans prévoir son sort,
Essaie encor la vie, et joue avec la mort;
Recommande à l'aîné ses domaines champêtres,
Ses travaux imparfaits, l'honneur de ses ancêtres;
Laisse à tous, en mourant, le faible à secourir,
L'innocent à défendre, et le pauvre à nourrir;
De ses vieux serviteurs récompense le zèle,
Jouit des pleurs touchants de l'amitié fidèle,
Reçoit son dernier vœu, lui fait son dernier don,
De ses ennemis même emporte le pardon,
Et dans l'embrassement d'une épouse chérie,
Délie et ne rompt pas les doux nœuds de la vie (1).

Un mystère admirable de la nature, c'est cette faculté qu'elle nous accorde d'aimer tout ce qu'elle veut que nous chérissions. Il semble que notre ame s'agrandit à mesure que notre famille augmente; les derniers venus nous sont aussi chers que les premiers-nés. Nous ressentons pour tous les mêmes sentiments, nous partageons au même degré leurs souffrances ou leurs joies; on croirait que nous avons une

---

(1) Poème des *Trois Règnes*, chant 8.

double existence, la leur et la nôtre; nous les aimons en nous, nous nous aimons en eux. Madame de Staël disait ingénieusement que l'amour était de l'égoïsme à deux; on peut dire que l'amour de la famille est de l'égoïsme indéfini.

J'ai dit qu'il existait aujourd'hui, dans les familles, une division affligeante pour l'ami des mœurs. Le fait n'est que trop réel, et si j'en cherche la cause, je la trouve dans l'affaiblissement progressif de la puissance paternelle. Un père a été considéré, dans tous les temps et chez tous les peuples, comme exerçant sur ses enfants un ascendant irrésistible; de nos jours cette forte morale est presque anéantie. Comment les chefs de famille ont-ils perdu ce pouvoir tutélaire? ne serait-ce pas en négligeant d'en faire usage, et en cessant d'imprimer autour d'eux ce respect si utile qui se concilie avec la tendresse, et qui maintient l'autorité? C'est ce que je vais examiner en peu de mots.

Les enfants sont envoyés, selon moi, beaucoup trop jeunes au collége. Ils quittent souvent la maison paternelle à sept ou huit ans, quand leur raison n'est pas encore formée, et ils n'y reviennent qu'à seize ou dix-sept ans, lorsqu'ils ont fini leurs études. Ils n'ont vu leur père que par intervalles, ils n'ont pas eu le temps de recevoir ses conseils, de s'accoutumer à l'idée qu'il est sur la terre leur providence et leur appui. Ils retournent près de lui à l'âge le plus dangereux de la vie, lorsque l'activité des sens, l'ardeur de l'imagination, l'attrait du plaisir, le désir de tout connaître, disposent de leur existence, et les entraînent au-delà des bornes. Vainement un père affectueux et tendre leur représente avec douceur qu'ils se trompent de route, ils ne veulent pas en prendre une autre, ils ne voient en lui qu'un ennuyeux mentor, un froid pédant, un censeur incommode, et la voix des passions couvre celle de la vertu. Ce père ne peut accuser que lui-même; si avant de faire jouir son fils du bienfait de l'éducation publique, qui seule peut en faire un homme, il se fût occupé de son enfance; s'il eût été son instituteur primaire, s'il eût déposé dans son ame les premiers germes de la morale, et qu'il ne l'eût mis au collége qu'à douze ans; le jeune élève aurait conservé le souvenir des leçons d'un père, elles auraient pénétré dans son cœur avec le respect que l'on a toujours pour son premier maître, et s'y seraient consolidées et développées comme ces caractères que l'on grave sur l'écorce des arbres et qui restent ineffaçables : cette longue et douce habitude d'obéissance aurait, presque à son insu, façonné son ame à ce joug sacré; lors de son entrée dans le monde, à l'aspect d'un pays nouveau pour lui, il aurait suivi son père pour ne pas être obligé de demander son chemin, il eût écouté ses conseils, et jamais il n'aurait méconnu une autorité qui, dans sa pensée, se serait confondue avec celle de Dieu même.

Une autre cause peut avoir contribué à relâcher les liens d'obéissance filiale, je veux parler de l'usage introduit depuis cinquante ans en France de tutoyer son père. Est-ce un avantage, est-ce un inconvénient? Je commence par déclarer que cet usage me paraît doux pour un père, que j'y ai cédé sans réflexion, et par entraînement, et que si cette habitude est un tort, je m'en suis rendu coupable; avouer ma faiblesse, c'est prouver mon impartialité, et m'accuser moi-même, c'est avoir acquis, ce me semble, le droit de discuter la question.

Les partisans de cette méthode prétendent que leur formule plus tendre et plus expansive, n'exclut pas le respect, et que parmi les enfants qui tutoient leur père, un grand nombre a plus de déférence pour ses moindres désirs, que ceux qui lui parlent avec plus de mesure et de circonspection ; que les égards ne se prouvent pas par des mots mais par des faits, et qu'un père étant, pour ses enfants, un frère, un guide, un ami, on doit le tutoyer comme on tutoie un ami et un frère. Les ennemis de cet usage répondent qu'un père, quoiqu'il réunisse dans son cœur, pour ses enfants, la tendresse d'un ami et d'un frère, n'est pour eux ni un frère ni un ami ; que c'est un père : qu'on ne doit aucun respect au frère que l'on tutoie, que souvent même on en manque envers lui, sans qu'il puisse s'en formaliser; tandis qu'un père serait blessé, à juste titre, si l'on agissait légèrement à son égard. Ils ajoutent (et je suis, je l'avoue, de cette opinion), que le tutoiement étant une marque de familiarité, on doit se l'interdire vis-à-vis son père; que le respect y gagne beaucoup sans que la tendresse y perde rien.

Quoi qu'il en soit des causes qui ont amené la décadence du pouvoir paternel, sa ruine n'en est pas moins certaine. Deux exemples choisis entre mille, prouvent jusqu'à l'évidence cette affligeante vérité. Un jeune homme d'une famille distinguée, dupe de la séduction des sens, veut épouser une jeune personne, dont la beauté est le seul avantage, et que sa conduite scandaleuse a fait bannir de la société. Le père presse, prie, conjure son fils de ne pas former cet hymen honteux; le fils persiste, le père ne veut pas et ne peut pas vouloir lui accorder son consentement. Une sommation judiciaire, que la loi, par ironie apparemment, nomme *respectueuse*, dérobe ce fils à l'atteinte paternelle; son mariage est consommé, son déshonneur public, le père se borne à rougir, et la loi consent pour lui.

L'autre exemple est plus terrible encore.

Un jeune homme parvenu à sa majorité, et jouissant d'une fortune immense, épouse, sans dot, une de ses parentes qu'il croit aimer. Bientôt de faux amis s'emparent de son esprit, il cède à leurs conseils perfides; la passion du jeu qui peut, en un mois, en un jour, réduire un millionnaire à l'indigence, absorbe d'abord son revenu, et attaque ensuite le fond de sa fortune; ses terres, ses châteaux, sont vendus; tout est dissipé; il reste sans ressources avec ses trois enfants et sa femme. Entraîné, par une pente rapide, de l'erreur au vice, et du vice au crime, tous les moyens lui semblent bons pour retrouver ce que le sort lui a ravi; il avait commencé par le délire, et il finit par l'infamie. Cependant son père existe; son père aurait voulu l'arrêter sur les bords du précipice; il aurait voulu, après ses premières folies, pouvoir prononcer son interdiction, rétablir l'ordre dans ses affaires, et lui assurer une existence honnête et tranquille; il n'a pas eu cette puissance, il a fallu qu'il restât le témoin forcé des désordres de son fils, et qu'il le vît arriver d'excès en excès au déshonneur et à la mort.

De tels abus sont intolérables: ils réclament, ils commandent toute l'attention du législateur: en augmentant la puissance paternelle, pierre angulaire de l'édifice social, il rétablira l'union et l'harmonie dans les familles; par instinct, par goût, par tendresse, un père remplira toujours ses devoirs; la loi, mais une loi forte et protectrice, doit reconnaître et proclamer ses droits.

DE L'AMITIÉ.

C'est à Chilon, s'il faut en croire Montaigne, et à Sophocle, selon l'abbé Barthélemy, que l'on doit cette maxime atroce : « Aimez vos amis, comme si vous deviez les haïr un jour. » Il vaut bien mieux, nous dit le savant auteur d'*Anacharsis*, substituer à ce cruel adage ce précepte consolant : « Haïssez vos ennemis, comme si vous deviez les aimer un jour. »

Il y a des hommes qui n'ont jamais d'amis, parce qu'ils en ont trop, et d'autres qui meurent sans en avoir eu, parce qu'ils hésitent trop à choisir.

Montaigne a immortalisé l'amitié qui l'unissait à La Boëtie. Il parle de ce sentiment délicieux avec la grace qu'il avait dans l'esprit et la chaleur qu'il avait dans l'ame. Il compare les différentes affections que nous tenons de la nature, à cet attachement profond connu sous le nom d'amitié qui échauffe à-la-fois deux cœurs par sa flamme électrique. Toutes ces nuances de tendresse et de sensibilité sont saisies avec un tact exquis par ce grand moraliste qui a illustré six règnes (1), et dont les portraits, après deux siècles et demi, n'ont rien perdu de leur fraîcheur et de leur coloris.

Avec quelle finesse il apprécie les sentiments divers qui se partagent notre ame ! « Des en-
« fans aux pères, dit-il, c'est plus tost respect ;
« l'amitié se nourrit de communication qui ne
« peult se trouver entre eulx, pour la trop
« grande disparité, et offenseroit à l'adventure
« les debvoirs de la nature; car, ny toutes les
« secrètes pensées des pères ne se peuvent com-

---

(1) Montaigne a vécu sous François Ier, Henri II, François II, Charles IX, Henri III et Henri IV.

« muniquer aux enfans, pour n'y engendrer une
« messéante privauté; ni les advertissements
« et corrections, qui est un des premiers offi-
« ces d'amitié, ne se pourroient exercer des
« enfans aux pères. C'est à la vérité un beau
« nom et plein de dilection que le nom de
« *frère;* mais ce meslange de biens, ces par-
« tages, et que la richesse de l'un soit la pau-
« vreté de l'aultre, cela destrempe merveilleu-
« sement et relasche cette soudure fraternelle. »

« L'amour est plus cuisant, plus actif et plus
« aspre; mais c'est un feu téméraire et volage,
« ondoyant et divers, feu de fiebvre, subjet à
« accès et remises, et qui ne nous tient qu'à
« un coing. En l'amitié, c'est une chaleur uni-
« verselle, égale et tempérée, une chaleur con-
« stante et rassise, toute doulceur et polis-
« sure, qui n'a rien d'aspre et de poignant. »

Jusque-là, tout est bien, tout est beau,
plein de justesse et de vérité; mais lorsque,
égaré par son enthousiasme, Montaigne prétend : « que le secret qu'on a promis de ne dire

« à aucun autre, on peut le dire à son ami,
« à celui qui n'est pas autre, mais soi », il avance
la plus fausse et la plus dangereuse des propositions ; c'est comme s'il voulait prouver que
l'on est libre de violer un dépôt pour plaire à
son ami. Au reste, cette étrange assertion se
trouve démentie dans le passage suivant, et
le prince des orateurs avait réfuté par anticipation le prince des philosophes.

« Établir en principe que nous devons ac-
« corder à nos amis tout ce qu'ils veulent, et
« obtenir d'eux tout ce que nous voulons,
« ce serait, sans doute, la parfaite sagesse, si
« cela ne blessait en rien la vertu (1). » Et plus
loin, il dit : « Nous établirons pour première
« loi de l'amitié, de ne demander et de n'ac-
« corder à son ami rien qui soit blâmable (2). »

---

(1) *Quod si rectum statuerimus, vel concedere amicis quidquid velint, vel impetrare ab iis quidquid velimus, perfecta quidem sapientia sumus si nihil habeat res vitii.* (Cicero, *De amicitiâ, ad Pomponium Atticum.*)

(2) *Hæc igitur lex in amicitiâ sanciatur, ut neque rogemus res turpes, nec faciamus rogati.*

Cicéron sentait vivement les devoirs et les plaisirs de l'amitié ; la peinture qu'il en offre est pleine de charmes.

« Les autres choses que l'on désire, ne pro-
« curent, chacune, qu'un seul avantage ; les
« honneurs, la louange, les plaisirs, la joie,
« la santé, l'absence des douleurs, et le libre
« exercice des facultés physiques. L'amitié, au
« contraire, en produit de toute espèce ; de
« quelque côté que vous tourniez vos regards,
« partout elle se présente à vous ; nulle part
« elle n'est étrangère, jamais hors de saison,
« jamais importune (1). »

Caton disait qu'on avait souvent plus d'obligation à ses ennemis qu'à ses amis, parce que

---

(1) *Cæteræ res quæ expetuntur, opportunæ sunt singulæ rebus ferè singulis : divitiæ ut utare ; opes ut colare, honores ut laudere : voluptates ut gaudeas ; valetudo, ut dolore careas, et muneribus fungare corporis ; amicitia res plurimas continet ; quoquò te verteris, præsto est : nullo loco excluditur, nunquàm intempestiva, nunquàm molesta est.* (Cicero, *De amicitiâ, ad Pomponium Atticum.*)

nous apprenons souvent la vérité par les premiers et jamais par les autres. La réponse est facile : c'est qu'alors ils ne sont pas nos amis ; pour être digne de ce beau nom, si mal porté par tant de gens indifférents ou tièdes, il faut savoir avertir son ami des défauts qui pourraient lui nuire, et porter la sonde de la franchise dans les replis de son cœur, afin de l'aider à se corriger ; heureux quand on trouve une ame assez noble, assez élevée, pour vous savoir gré de cette franchise, et vous remercier de vos conseils en sachant en profiter. Il est peut-être plus facile encore de trouver un ami qui brave l'amour-propre de son ami, et s'expose à lui déplaire, pour lui signaler ses défauts, que d'en rencontrer un assez délicat pour ne pas finir par haïr cet ami, dont la tendresse a pu aller jusqu'à l'éclairer sur lui-même, et peut-être détruire la bonne opinion qu'il s'était formée de son cœur et de son esprit.

Peut-on avoir plusieurs amis, les aimer tous

de même, et être aimé de tous également ? Montaigne va répondre dans son vieux langage toujours nouveau : « C'est un grand mira-
« cle de se doubler; et n'en connoissent pas la
« haulteur, ceulx qui parlent de se tripler. Qui
« présuppose que de deux, j'en aime autant
« l'un que l'aultre et qu'ils s'entr'ayment et
« m'ayment autant que je les ayme, il multi-
« plie en confrérie la chose la plus une et unie,
« et de quoy, une seule est encore la plus rare
« à trouver au monde. »

Il y a des hommes qui ne vous serviraient pas de témoins pour une affaire d'honneur, qui ne vous ouvriraient pas leur bourse dans l'adversité, que l'on ne verrait pas au chevet de votre lit, si vous étiez malade; et qui croient se connaître en amitié. Ils commencent et finissent leurs lettres par les mots, *mon cher ami,* comme ceux qui disent, *votre très-humble et très-obéissant serviteur,* à des personnes qu'ils ne recevraient pas chez eux; ou, *je suis avec la considération la plus dis-*

tinguée, à des gens qui ne leur inspirent que du mépris. C'est une des mille et une preuves de l'abus des mots, et ce ne serait pas trop d'un volume pour tous les exemples qu'on pourrait en citer.

La véritable amitié peut se reconnaître à des signes certains; c'est un abandon volontaire de soi-même, c'est une préférence que l'on donne aux interêts de son ami sur les siens, tandis qu'il n'a d'autre pensée que celle de nous être utile; c'est une abnégation personnelle au profit d'un autre soi-même; c'est la réunion de deux volontés confondues en une; c'est une ame en deux corps. Des exemples, en ce genre, valent mieux que des définitions, et deux anecdotes peu connues peindront, avec plus de vérité que je ne pourrais le faire, le désintéressement, la noblesse et le dévouement de la véritable amitié.

Sous le règne de Louis XIV, Dreux et Chamillart étaient conseillers au Parlement, de la même chambre, et amis intimes. Dreux était fort riche, et Chamillart fort pauvre. Leurs femmes accouchèrent en même temps d'un fils et d'une fille. Dreux, par amitié, demanda à Chamillart de s'engager, le lendemain de leur naissance, à les marier un jour ensemble. Chamillart représenta à son ami, par délicatesse, qu'avant cette époque, il trouverait des partis bien plus avantageux que sa fille. Dreux, homme franc, et qui aimait tendrement Chamillart, insista tellement qu'ils se donnèrent réciproquement parole. La chance tourna rapidement ; Dreux resta conseiller au parlement, et Chamillart fut comblé des bienfaits de Louis XIV. Il devint intendant de Rouen, intendant des finances, puis enfin contrôleur-général. Aussitôt après sa nomination, il alla trouver Dreux et lui dit que leurs enfants étaient en âge de se marier, et qu'il fallait remplir l'engagement qu'ils avaient pris. Dreux, touché jusqu'aux larmes de cette proposition, fit tout ce qu'un homme d'honneur peut faire pour rendre à son ami une parole, qu'en sa qualité de premier ministre, il ne pouvait plus tenir, sans être blâmé par sa famille. Chamillart le somma de tenir sa promesse; ce combat de générosité dura plusieurs jours. A la fin, Chamillart, bien résolu de partager sa fortune avec son ami, l'emporta, et le mariage se fit. Il obtint pour son gendre la charge de grand-maître des cérémonies et le titre de marquis.

Un pareil trait honore à jamais la mémoire de Chamillart; s'il ne le réhabilite pas comme grand ministre, il lui assure notre estime et même notre vénération; souvent quand on monte si haut, la tête tourne et le cœur se gâte. Honneur à l'homme qui a voulu que le ministre tînt la parole de l'ami; c'était se montrer digne de son rang, et justifier son élévation.

L'autre trait n'est pas moins honorable pour celui qui en est le héros.

En 1760, Dewailly, ami intime de Moreau, qui fut depuis architecte de la ville, avait rem-

porté le grand prix, ce qui lui donnait le droit
d'aller passer trois ans à Rome. Son ami vint
le voir; il était triste, il n'avait eu qu'un second
prix. « Je n'irai point à Rome, » lui dit-il en
soupirant; Dewailly, sans lui répondre, vole
chez M. de Marigny, surintendant des bâti-
ments; il entre, et sans détours, sans sou-
plesse : « Il faut, lui dit-il, que Moreau aille à
Rome. — L'usage s'y oppose. — Il y a moyen
de tout arranger : j'ai le droit d'y rester trois
ans; ces trois ans m'appartiennent, je lui cède
dix-huit mois; vous aurez un artiste de plus,
et mon ami sera content. » Ému par les accents
d'une amitié si vive, M. de Marigny céda; les
deux amis partirent, s'instruisirent, et revin-
rent ensemble.

Chamillart! Dewailly! vos noms seront ins-
crits à jamais dans les fastes de l'amitié. Si quelque ame, tendre et généreuse, avait créé des
récompenses pour ceux qui auraient éprouvé
le plus vivement ce sentiment plein de char-

mes, et qui en auraient le mieux rempli tous les devoirs, vous auriez pu l'obtenir; mais on n'a fondé de prix que pour la vertu; on n'en a pas institué pour le bonheur.

DE LA PEINE DE MORT
ET DES EXÉCUTIONS.

La question que je me propose de traiter dans ce chapitre, est une des plus importantes que l'on puisse soumettre à la méditation des hommes.

Parmi ceux qui demandent que la peine de mort soit abolie, les uns sont dirigés par un véritable amour de l'humanité; ils croient de très-bonne foi, que la société n'a pas le droit de retrancher de son sein un de ses membres, quelque corrompu, quelque vil, quelque criminel qu'il puisse être. Dans leur opinion, la gravité du forfait et le rang de la victime ne doivent point faire déroger à ce qu'ils appellent les principes; ainsi, que l'on se nomme *Ravaillac*, et qu'on ait tué son roi, que l'on se nomme *Daulun* et qu'on ait tué son frère, on ne peut pas être immolé par le glaive des lois : la société a, tout au plus, des droits sur votre liberté; elle n'en a aucun sur votre existence, et ces philantropes regardant les frémissements d'une ame tendre comme une inspiration du ciel, prétendent que le sang ne doit jamais venger le sang, et qu'en rayant un homme de la liste des vivants, pour punir un premier crime, on en commet un second. Si en soumettant ces raisonnements à l'épreuve sérieuse d'une analyse profonde, on vient à découvrir qu'ils sont forcés et même dangereux, on ne pourra du moins refuser son estime à ces hommes de bonne foi, qui en cédant à l'impulsion d'une sensibilité trop vive peut-être, ont écrit d'après une intime conviction, et n'ont été trompés que par leur cœur. Il serait difficile d'accorder la même confiance à ces écrivains aventuriers qui ne voient dans une question ardue qu'une thèse brillante, et qui ne voudraient faire triompher leur système que pour faire répéter leur nom. Ils ne veulent plus que ce qui a été, soit; c'est là tout leur plan, c'est là le but de leurs déclamations philantropiques; c'est pour l'intérêt de leur amour-propre bien plus que pour celui de l'humanité, qu'ils entassent brochure sur brochure; enthousiastes sans passions, ils ont des pleurs de commande, ils suent à froid, et si l'on descendait dans leur cœur, on le trouverait aussi vide que leur tête.

Les plus grands écrivains de l'antiquité, Platon, Aristote, Cicéron, Sénèque et Plutarque sont bien d'accord sur la nécessité du dernier supplice, et ils citent, à l'appui de leur opinion, des preuves irrécusables (1). C'est à la

---

(1) « Un homme mérite la mort, dit Montesquieu (Esprit des lois, liv. 12, chap. 4), lorsqu'il a ôté la vie ou qu'il a entrepris de l'ôter. »

D'Alembert, dans sa Réponse au célèbre avocat Vergani, qui a réfuté d'une manière victorieuse le *Traité des*

fin du XVIII° siècle que deux hommes d'une célébrité bien différente commencèrent à écrire, l'un à Paris, et l'autre à Naples (1), contre la peine de mort. Jean Jacques fit des prosélytes parmi ceux qui, séduits par la magie enchanteresse de son style, adoptaient sans examen toutes ses doctrines, tous ses principes, et croyaient à Rousseau, comme un chrétien à l'évangile. Beaucoup d'entre eux éclairés par l'étude et l'expérience étaient tout surpris à 40 ans de ce qu'ils avaient pensé à 25, et leur âge mûr récusait le témoignage de leur jeunesse. Quant au philosophe napolitain, ses

---

délits et des peines, dit en propres termes : « Quoique je « pense que les législateurs ont souvent abusé de la peine « de mort, je ne voudrais cependant pas assurer que jamais on ne doive employer ce moyen pour réprimer le « crime. »

(1) Le marquis de Beccaria fit paraître, vers l'année 1780, un ouvrage intitulé : *Trattato dei delitti e delle pene* (Traité des délits et des peines), où il se prononçait contre la peine de mort.

théories reposaient plutôt sur des phrases que sur des faits; on en sera convaincu quand on aura lu le passage le plus saillant de son livre : « Che debbon pensar gli uomini nel ve-
« dere i savi magistrati e i gravi sacerdoti della
« giustizia che con indifferente tranquillità
« fanno strascinare con lento apparato, un reo,
« alla morte, e mentre un misero spasima nella
« ultima angoscia, aspettando il colpo fatale,
« passa il giudice con insensibile fredezza, e
« forz'anche con segreta compiacenza della
« propria autorità, a gustare i commodi, e i
« piaceri della vita.

« Ah (diranno essi), questi leggi non sono
« che i pretesti della forza. Le meditate e cru-
« deli formalità della giustizia non sono che un
« linguaggio di convenzione per immolarci con
« maggiore sicurezza. » (*Dei delitti et delle pene*, carte 129 et 130.) —« Que doivent penser
« les hommes en voyant que de sages magistrats
« et de graves ministres de la justice font exé-
« cuter à mort un coupable avec toute la tran-

« quillité de la plus complète indifférence, et
« dans le plus grand appareil ? Que doivent-ils
« penser en voyant qu'au même instant où ce
« malheureux, livré aux plus cruelles angois-
« ses, attend le coup fatal, le juge passe près
« de lui, sans s'émouvoir, peut-être même
« avec un secret orgueil de voir l'effet de sa
« puissance, et court se livrer à toutes les
« jouissances de la vie. Ah! n'en doutons pas,
« ils diront que ces lois ne sont qu'un prétexte
« imaginé par la force, et que ces formalités
« cruelles et étudiées, inventées par la justice,
« ne sont qu'un langage de convention pour
« nous immoler plus sûrement. »

Il faut être juste, cette philippique ambitieuse ne renferme absolument que de vaines paroles : *sunt verba et voces prætereaque nihil*.

Pourquoi M. le marquis de Beccaria suppose-t-il que les juges font exécuter un coupable avec une complète indifférence? Ne savons-nous pas, au contraire, qu'un magistrat, au moment où il prononce une sentence capitale, éprouve la plus vive émotion, et que souvent même sa voix s'altère au point qu'on n'entend plus ce qu'il dit. On en a vu se trouver mal en ce moment terrible, et ne reprendre qu'avec peine la force nécessaire pour accomplir leur ministère redoutable. Cette accusation d'insensibilité est donc une calomnie contre la magistrature. Pourquoi le noble criminaliste veut-il aussi que le juge passe auprès du coupable au moment où il expire, et pourquoi surtout prétend-il qu'il éprouve une secrète joie de ce que ce malheureux meurt par l'effet de sa puissance? Le magistrat a rempli son devoir, sans haine et sans crainte ; la calomnie ne doit pas être le prix de son courage.

La grave question qui m'occupe fut discutée mûrement par la première de nos assemblées. Les orateurs les plus célèbres de l'époque soutinrent, avec un grand luxe d'érudition et une grande force de logique, les deux opinions opposées. Un des adversaires de la peine de mort se fit surtout remarquer par les accents pathétiques d'une sensibilité dont il ne pouvait maîtriser les élans. « La raison, « disait-il, nous crie que les jugements hu- « mains ne sont jamais assez sûrs pour que la « société puisse donner la mort à un homme « condamné par d'autres hommes sujets à l'er- « reur. Ravir au criminel la possibilité d'ex- « pier son forfait par son repentir ou par des « actes de vertu, lui fermer impitoyablement « tout retour à l'estime de soi-même, c'est, à « mes yeux, *le plus horrible raffinement de la* « *cruauté.* » De qui sont ces paroles remplies d'une morale si douce, et d'une tolérance vraiment angélique ? de ROBESPIERRE !

C'est après avoir réfléchi long-temps sur cette question, c'est après l'avoir envisagée sous toutes ses faces, que j'ai acquis la conviction de la nécessité indispensable de la peine de mort.

C'est pour le repos de tous que je crois politique de la maintenir. Il faut se préserver d'une tolérance irréfléchie, qui loin de réprimer les crimes, ou d'en diminuer le nombre, ne tend qu'à les multiplier. Je vois dans un coupable que l'on condamne un exemple donné, et non pas un homme puni. Le véritable magistrat doit imposer quelquefois silence à son cœur pour n'écouter que sa raison ; ce n'est pas avec de la sensibilité que l'on gouverne les empires. Il ne faut être ni cruel ni faible ; il faut être juste. Un scélérat compte pour rien un châtiment, tant qu'il conserve une espérance : ce qu'il redoute le plus, ou pour mieux parler, tout ce qu'il redoute, c'est la mort, la mort qui ne laisse plus de ressources que dans un avenir auquel il ne pense pas, auquel il ne peut pas croire. Enlevez-lui cette crainte, il n'en aura plus aucune; il commet le crime sans être retenu par aucun frein. S'il parvient à fuir, il échappe à la peine ; s'il est pris, il échappe à la mort, et conserve l'espoir d'une seconde évasion. Tout est pour lui chance favorable.

Croit-on d'ailleurs que celui dont un monstre aurait assassiné le père, le frère, l'ami, laisserait ce crime impuni, s'il ne savait que la société, représentée par les organes des lois, se dispose à le venger? C'est cette idée seule qui retient son bras; épargnez la vie du meurtrier, il la lui ôtera; les parents de ce dernier se vengeront à leur tour; les ressentiments héréditaires, les haines atroces se perpétueront ainsi dans les familles, et vous aurez dix assassinats au lieu d'un supplice légal. Plus on a d'humanité, et plus on doit désirer qu'un assassin soit puni de mort; c'est une garantie pour la société.

Nous ne devons pas craindre que cette peine soit appliquée trop légèrement avec des mœurs comme les nôtres, et avec l'institution du jury. N'avons-nous pas de fréquents exemples d'assassins reconnus tels, sur des preuves plus claires que le jour, *luce clariores*, et qui n'ont été condamnés qu'aux travaux forcés, par suite de la déclaration des jurés, qui, usant de leur omnipotence, avaient écarté la préméditation? Puisque nous pouvons compter sur l'indulgence des hommes, ne nous effrayons pas de la sévérité des lois.

Soit que l'on m'accorde ou non que la peine de mort est utile comme l'épouvantail du crime, je me hâte d'ajouter que je ne veux aucune extension pour ce châtiment. La mort, pour celui qui a donné la mort, c'est là, selon moi, tout ce qu'exige la société. Quelque grave que soit le crime de fausse monnaie, je m'opposerais formellement à ce qu'il fût puni de la peine capitale. On ne peut, à mon avis, demander du sang qu'à celui qui en a versé. Je voudrais aussi qu'il n'y eût d'aggravation de peine que pour un seul cas, celui du parricide. Oter la vie à celui de qui on l'a reçue, est un si monstrueux attentat, que la main qui a commis le crime doit disparaître avant le criminel lui-même. Hors ce seul cas, je crois que l'on ne doit ajouter au dernier supplice rien qui en augmente la douleur;

tout raffinement en ce genre est une barbarie, et la barbarie est un excès comme l'impunité.

Un des grands arguments des adversaires de la peine de mort, c'est que la vue des supplices endurcit le cœur, et qu'une nation qui s'accoutume à jouir de ce spectacle, devient cruelle. C'est sans doute un penchant honteux que celui qui pousse le peuple à une exécution; mais est-il raisonnable de supprimer la peine de mort, uniquement pour ôter un aliment à la curiosité barbare? Il faut que le besoin des émotions vives soit bien impérieux chez les hommes, car dans tous les temps on a vu la foule autour des échafauds, et les femmes, elles-mêmes, ont recherché avidement ce plaisir cruel. Qui ne se rappelle ces beaux vers du plus grand poète satirique qui ait existé depuis Boileau?

Vous connaissez Iris, chacun la prône et l'aime,
C'est un cœur, mais un cœur... c'est l'humanité même.
Si d'un pied étourdi quelque jeune éventé
Frappe, en courant, son chien qui jappe, épouvanté,

Vous la verrez mourir de tendresse et d'alarmes :
Un papillon souffrant lui fait verser des larmes ;
Il est vrai, mais aussi, qu'à mourir condamné
L.... soit en spectacle à l'échafaud traîné,
Elle ira la première à cette horrible fête,
Acheter le plaisir de voir tomber sa tête.

On se rappelle que le célèbre La Condamine avait la manie des exécutions. Il s'y était pris un peu tard pour voir Damiens sur la roue; il accourait tout essoufflé, lorsque le bourreau, l'apercevant dans la foule, et voulant qu'il fût bien placé, dit aux curieux : « Laissez passer « Monsieur; c'est un amateur. » Je ne puis concevoir, je l'avoue, comment on a l'affreux courage, encore moins la curiosité, d'assister à cette sanglante catastrophe? Une seule circonstance peut, sinon justifier, au moins expliquer ce désir cruel; c'est lorsque le glaive des lois frappe l'assassin d'un être qui nous fut cher. Je ne puis jamais me rappeler sans frémir le mot si extraordinaire d'une mère, dont Robespierre avait fait périr les deux fils. Elle voulut, le 9 thermidor, se convaincre par ses yeux que ce monstre était mort; et lorsque sa tête tomba, elle cria de toutes ses forces : *Bis.*

Le goût des exécutions est si vif à Paris, qu'il prête aux spéculations; et l'on assure que le propriétaire d'une maison, située sur la place de Grève, répondait à quelqu'un qui se plaignait du prix trop élevé d'un appartement qu'on lui montrait : « Réfléchissez donc qu'il « est parfaitement exposé, et que les jours de « grandes exécutions, je loue chaque fenêtre « 100 francs. » On aurait dit qu'il s'agissait d'une loge en face.

S'il est impossible de réprimer un penchant aussi odieux, il est au moins du devoir d'un gouvernement sage de ne pas l'encourager; et après avoir démontré la nécessité de la peine de mort, je demanderai avec instances que l'on empêche le peuple d'assister aux exécutions. Un des moyens les plus efficaces, est de défendre aux crieurs publics d'annoncer le jour fatal. Les oisifs, n'étant pas prévenus, iront s'amuser ailleurs, et les ouvriers ne seront pas tentés de quitter des travaux utiles pour satisfaire une curiosité féroce. Les passants pourront voir le criminel, pendant qu'on le conduit de la prison à l'échafaud; le plaindre, s'il paraît ouvrir son ame au repentir; et le plaindre bien plus encore, si son attitude semble défier à la fois la justice humaine et la justice divine. Que ceux qui seront sur la route, pendant ce trajet si court et si long, fassent des réflexions salutaires sur la triste fin de celui qui est arrivé à tous les crimes, en passant par tous les vices; voilà comment cette mort sera vraiment utile, et comment elle pourra tourner au profit de la morale publique; mais la vengeance des lois ne doit pas aller plus loin. Quand ce malheureux arrivera sur la place d'expiation, l'humanité veut qu'une force imposante en écarte cette foule avide, qui accourt moins pour l'exemple qu'on va donner, que pour le sang qu'on va répandre : le grand coupable que la société tout entière rejette de son sein, se prépare à subir la peine qu'il a méritée; venir contempler froidement les convulsions de son agonie, c'est commettre une lâcheté gratuite; il ne doit avoir pour témoins, dans ce moment suprême, que Dieu qui le juge, le prêtre qui le console, le bourreau qui le frappe, et la garde qui l'environne.

DES JEUX DE BOURSE.

La bourse est un grand marché d'or, d'argent et de papier. Pendant la révolution, le marché était devenu une halle; la création des assignats donnait une grande facilité aux agioteurs, pour l'exercice de leurs jeux spéculatifs : il y eut des fortunes immenses improvisées, comme du temps de Law. J'atteste qu'un des banquiers les plus riches de Paris m'a dit qu'il était arrivé de sa province avec vingt louis en or, qu'il les avait vendus, et qu'ensuite il avait continué ce genre d'opérations : il n'eut pas à s'en repentir, car trois ans après, il avait quatre cent mille livres de rente. *Ab uno disce....*

Le 20 octobre 1795, on supprima les 80

agents de change qui existaient par décret antérieur, et on chargea le comité de salut public et des finances d'en nommer 25, dont 20 destinés aux opérations et négociations en banque ou papier sur l'étranger, dans Paris; les 5 autres, à l'achat et vente des espèces monnayées et matières d'or et d'argent. Deux mois après (en décembre 1795), le Directoire fit fermer la bourse, et motiva cette singulière résolution par le message suivant qu'il adressa au conseil des Cinq-Cents.

« Citoyens législateurs, des faits nombreux
« prouvent qu'au lieu d'être un centre de réu-
« nion, propre à faciliter les opérations du com-
« merce, la bourse est devenue un repaire de
« brigands et de conspirateurs, coalisés pour
« s'emparer de la fortune publique et des for-
« tunes particulières. Il est prouvé que plu-
« sieurs d'entre eux ont offert, *du louis,* un
« prix plus élevé que celui pour lequel il leur
« était présenté, et qu'il s'est formé, parmi ces
« *affameurs* publics, une association résolue

« de sacrifier un grand nombre de millions pour
« empêcher les choses de prendre leur cours
« naturel, et pour faire échouer les mesures
« de finances les mieux combinées. Leur audace
« est telle, qu'hier encore ils ont osé résister à
« l'action de la police, chargée de faire exécu-
« ter les réglements, et ce n'est qu'avec peine
« que la force armée a pu les contenir.

« Dans cette position, le Directoire a cru
« qu'il était pour lui d'un devoir rigoureux de
« faire fermer la bourse jusqu'à nouvel ordre,
« et il a pensé aussi qu'il devait vous faire part
« et de la mesure et des motifs qui l'ont dé-
« terminée, afin de signaler les sangsues publi-
« ques auxquelles nous devons la plus grande
« partie de nos maux. »

Signé REWBELL, président.

Quelques mois après, la bourse fut rouverte,
et les mêmes désordres continuèrent. On n'ou-
bliait rien pour augmenter le discrédit des
assignats et des mandats ; les nouvelles les

plus absurdes étaient colportées à dessein, et même imprimées dans des bulletins fabriqués, et jetaient le trouble dans les opérations financières. Ce n'était pas un commerce, c'était un jeu scandaleux, une suite de paris où toutes les chances semblaient égales, mais où l'adresse triomphait toujours.

En 1800, le premier consul menaçant d'une enquête un homme qui avait fait une fortune prodigieuse en très-peu de temps, celui-ci fit cesser tous les reproches par cette ingénieuse réponse : « Je me suis enrichi d'une manière « bien simple; j'ai acheté des rentes le 17 « brumaire, et je les ai vendues le 19. » La présence d'esprit du flatteur sauva la fortune du parvenu.

En 1801, quand l'ordre commençait à renaître, on voulut organiser les bourses de commerce, et le discours de l'orateur du gouvernement (1) prouve à quel point les abus s'étaient multipliés.

---

(1) Le comte Regnault de Saint-Jean-d'Angély.

« Il est temps, disait-il, de remédier aux
« maux pressants qui ont été le résultat d'une
« liberté indéfinie.

« Toutes les bourses de commerce offrent
« le spectacle décourageant du mélange d'hom-
« mes instruits et probes avec une foule
« d'agents de change ou de courtiers, qui
« n'ont pour vocation que le besoin, pour
« guide que l'avidité, pour instruction que la
« lecture des affiches, pour frein que la peur
« de la justice, pour ressource que la fuite et
« la banqueroute.

« Le crédit public et particulier est arrêté
« dans son essor, contrarié dans ses dévelop-
« pements par la composition scandaleuse et
« effrayante de ces agents qui, à Paris, sont
« au nombre de 600 et plus, qui se rendent
« arbitres des cours, en vendant, en achetant
« ce qu'ils n'ont pas, peut-être ce que personne
« n'a, ce qu'ils savent ne pouvoir livrer, ce
« qu'ils savent bien plus sûrement encore ne
« pouvoir payer, qui s'interposent entre le

« véritable vendeur et le véritable acheteur,
« qui gênent, embarrassent, étouffent les tran-
« sactions de toute espèce.

« C'est cette classe qu'il faut expulser de
« tous les grands marchés de commerce qui
« vont s'ouvrir. »

C'est, en effet, contre ces frelons qui voudraient piller le miel de la ruche, que tous les réglements intérieurs ont été dirigés : est-on parvenu, sinon à les chasser, du moins à les comprimer ? Le tableau suivant mettra le lecteur à même d'en juger.

Trois classes bien distinctes fréquentent la bourse, et font des spéculations : 1° les capitalistes : ceux-là n'y vont que pour placer leurs fonds, en achetant et revendant d'un mois à l'autre, ce qui s'appelle *report.* Quant à l'intérêt de l'argent, depuis bien long-temps c'est un genre de placement qui ne donne que trois ou quatre pour cent par an ; mais le manque d'autres affaires, le danger des dépôts, le peu de sûreté de certaines hypothèques, la nullité des transactions commerciales, tous ces motifs réunis font que les capitalistes aiment mieux se contenter d'un intérêt minime. L'état de l'Europe, la paix générale, l'imperturbable tranquillité du pays, la sécurité de la dette et la moralité des engagements, offrent des garanties aux riches financiers, et les grandes fortunes vont aux fonds publics.

2° La seconde classe se compose des agioteurs; c'est un état comme un autre : à ce jeu de hasard et d'adresse, le bénéfice est au plus fin; on vend et rachète dans la même bourse, on appuie les variations sur la crédulité des masses; une lettre de Constantinople, de Londres ou de Vienne, fausse ou vraie, la mort d'un souverain, la naissance d'un prince, amènent quelquefois 50 centimes de hausse ou de baisse en une heure; la joie, la douleur, l'espérance, tout s'escompte; les fonds montent ou descendent comme une décoration de théâtre : deux ou trois cents joueurs figurent dans cette comédie. En dix minutes, cinq ou six cent mille francs changent de mains, seulement c'est à la fin du mois que les trente jours de jeu sont réglés, et le 5 de chaque mois, qu'on appelle le jour de liquidation, on paie les différences dues, on les reçoit si on a bien joué, ou, ce qui n'arrive que trop souvent, le joueur promet de payer, ne s'en souvient pas toujours, et l'agent de change n'a plus aucun moyen de remboursement, puisque les tribunaux, comme on le verra plus bas, lui refusent leur protection.

La troisième classe des joueurs, et quelquefois c'est la plus nombreuse de toutes, se compose des niais suivant la bourse. Ils y viennent vendre ou acheter, d'après les articles des journaux. Le nombre varie de cinquante à cinq cents, selon l'importance des nouvelles. Un changement de ministère amène les 500; ils se laissent quelquefois influencer par les agents de change; car il faut être de bonne foi, un agent de change conseille souvent à son client de vendre ou d'acheter, suivant la situation de ses affaires, la crainte du lendemain, et la peur de n'être pas payé.

Viennent ensuite, comme pour fermer la marche, trente ou quarante marrons, exploitant à bas bruit, et dans l'ombre, excepté trois ou quatre qui ont le privilége de faire des affaires avec les agents de change, par conventions entre eux. Tel est le tableau esquissé, mais exact, que présente ce temple du hasard, où tant de gens viennent sacrifier. L'esprit d'agitation qui tourmente notre pays depuis cinquante ans, qui pousse chacun hors de sa sphère, a mis toutes les ambitions en mouvement, et leur a fait chercher tous les moyens de se satisfaire. Quand une nation est assise et classée, chacun ne peut prétendre qu'à être le premier parmi ses égaux; le travail, l'ordre, l'économie, sont les moyens qui conduisent à ce but; mais quand une société est tellement corrompue qu'elle touche à sa dissolution, quand tous les rangs sont confondus, les passions aventureuses ont besoin de moyens plus prompts, et les saisissent partout où elles peuvent les trouver, au risque de périr. La bourse est un champ vaste, on s'y précipite. Il est vrai que le Palais-Royal et Frascati offrent des jeux dont les chances sont plus égales, et les effets moins dangereux; mais les bienséances sociales, le *decorum*, éloignent de ces maisons publiques tous ceux qui veulent avoir une patente honorable de joueurs; la bourse leur convient, c'est un rendez-vous auquel ils ne manquent jamais; ces oscillations calculées, ce mouvement perpétuel, ont du charme pour eux, et rien, dans leur esprit, n'est comparable à cette bascule financière, quoiqu'elle finisse souvent par des chutes. Ce désir effréné d'arriver à la fortune, que l'on pourrait appeler fièvre de l'or, ne se ralentit jamais; mais quelquefois elle se fait sentir avec redoublement. C'est ainsi que, de 1820 à 1824, une sorte de frénésie semblait s'être emparée de toutes les classes de la société. Plusieurs agents de change, qui avaient tenté leurs clients par l'appât des intérêts les plus élevés, s'étaient approprié la fortune de ces victimes imprévoyantes. Bientôt leur banqueroute se déclara, et leur bilan fit connaître des noms dont la France fut, tout-à-la-fois, surprise et indignée. Des officiers généraux, des magistrats, des grands dignitaires, des membres de la Chambre haute, des notaires, des manufacturiers, figuraient sur cette liste funéraire, et la ruine d'un grand nombre de familles fut le châtiment, trop cruel peut-être, mais certainement bien mérité, de ces ambitieux ingrats qui, comblés des faveurs de la fortune, voulaient arracher au lieu d'obtenir, et qui, en poursuivant un intérêt chimérique, virent s'échapper une fortune réelle. Effrayés des banqueroutes de leurs confrères, quelques agents de change citèrent, devant les tribunaux, ceux de leurs clients qui, après les avoir chargés de jouer, en leur nom, sur les fonds publics, ne leur remboursaient pas leurs avances. Un procès, devenu célèbre, occupa long-temps les premières cours du royaume.

Le motif du jugement rendu, qui est devenu, pour ainsi dire, la jurisprudence des tribunaux, est exposé ainsi qu'il suit :

« Considérant, qu'en aucun cas, l'agent de
« change ne peut avoir d'action contre son
« client, puisqu'il est tenu d'avoir les mains
« garnies, en opérant pour lui ; que la stricte
« exécution des lois et réglements, sur cette
« matière, peut seule mettre un frein à cette
« ardeur immodérée de s'enrichir, qui s'est em-
« parée des pères de famille, lesquels, au lieu de
« se livrer à des professions honnêtes et utiles,
« se précipitent dans des opérations désavouées
« par la morale, et toujours suivies d'une ruine
« complète ou d'une fortune scandaleuse, dé-
« clare....(1) non recevable dans sa demande. »

Quelque imposante que soit l'autorité d'un tel arrêt, plusieurs personnes ont pensé, et j'avoue que c'est aussi mon opinion, que le jugement intervenu, loin de mettre un frein à cette ardeur que l'on veut modérer, l'a rendue

---

(1) C'est le nom de l'agent de change.

plus vive et plus ambitieuse. Si les dettes de la bourse étaient regardées comme des engagements sérieux, bien des gens ne s'exposeraient pas à les contracter. Si les spéculateurs étaient traités avec la même rigueur que les commerçants, ils ne se livreraient pas à des spéculations téméraires; mais on a considéré les engagements de la bourse comme des dettes de jeu : c'était y appeler les joueurs ; ils ont répondu, et répondent tous les jours à l'appel.

Quels moyens efficaces pourrait-on employer pour réprimer cette ardeur toujours croissante? Ce serait peu d'avoir signalé le mal, si je ne cherchais pas à indiquer le remède; c'est le but de mon ouvrage, c'est mon devoir, et je le remplirai avec le zèle que donne le désir d'être utile.

Il faut d'abord reconnaître avec douleur qu'il est de l'essence des habitants des grandes villes de jouer et de spéculer; l'espoir de passer presque subitement sans peine et sans travail de la médiocrité à l'opulence, les tentera toujours, et l'on ne pourra jamais les empêcher de disposer de leur fortune, comme ils le jugeront convenable : il faut seulement veiller, par des moyens actifs, à ce qu'ils ne puissent, ni s'enrichir, ni se ruiner sur parole.

Je proposerais donc, 1° que tout agent de change, en prenant l'investiture de sa charge, s'engageât à ne jamais faire de marché à terme, sans avoir, au préalable, l'argent, s'il achète, ou les inscriptions en mains, s'il veut vendre.

2° On pourrait décider que le syndicat des agents de change recevrait en dépôt les sommes d'écus, quand on voudrait acheter, ou les inscriptions, quand on vendrait à terme.

3° On pourrait donner avis aux agents de change que leurs faillites seraient considérées comme des banqueroutes frauduleuses, puisqu'elles prendraient leur source dans la violation des lois qui leur défendent, sous des peines sévères, de faire, soit directement, soit indirectement, aucune espèce de négociations pour leur propre compte, et qu'en cela, elles sont frauduleuses; qu'elles méritent d'ailleurs ce nom, puisque, pour se soustraire aux peines indiquées par les réglements, ils sont obligés de cacher soigneusement toutes les opérations de commerce, auxquelles ils ne peuvent se livrer pour eux-mêmes, qu'en violant les dispositions formelles de la loi (1).

Il est hors de doute que les agents de change, avertis et persuadés, qu'en cas de faillite, le ministère public n'attendrait pas la plainte ou la dénonciation des parties intéressées, et les poursuivrait comme banqueroutiers frauduleux, tiendraient scrupuleusement leur parole. Ceux qui sont honnêtes, et c'est le plus grand nombre, seraient retenus par le sentiment de l'honneur; les autres le seraient par celui de la crainte; c'est alors, et seulement alors, que la bourse, ramenée à sa véritable institution, sera ce qu'elle doit toujours être, un lieu de

---

(1) Ces principes sont parfaitement développés dans la circulaire adressée par le grand-juge à tous les procureurs-généraux, en 1805.

réunion où tous les contrats peuvent se faire avec promptitude, et où la communication avec les négociants d'une même place provoque, sans aucun risque, les spéculations sur les effets publics; la bourse enfin deviendra le centre des lumières et de la probité, et ne pourra plus être, ce qu'elle a été quelquefois, l'effroi des familles, le grand bazar de l'intrigue, et le rendez-vous des agioteurs (1).

---

(1) En signalant quelques-uns des dangers qui résultent des opérations de bourse, je crois juste de déclarer que la compagnie de MM. les agents-de-change, représentée par les syndics les plus estimés, offre au public toute la sécurité possible.

DE L'USURE.

C'est surtout parmi les ouvriers des grandes villes et le peuple des campagnes que l'usure exerce ses ravages : profitant des besoins des malheureux paysans, dont un incendie a consumé la chaumière, dont la grêle a ravagé les champs, dont l'épizootie a détruit les troupeaux, l'usure accourt, fléau pire que tous les autres, pour envenimer les plaies au lieu de les guérir, et pour consommer, par la perfidie, la ruine commencée par le malheur. Ce calcul, abject et sordide, ôte à l'agriculture toutes ses ressources, dessèche l'industrie, et tue le commerce et les manufactures. Il est donc d'un intérêt immense que l'on ajoute aux lois ce qui peut leur manquer pour remédier à des maux pressants, qui tourmentent, sans relâche, une partie si intéressante de la population française.

Depuis l'origine de la monarchie, nos rois se sont toujours prononcés, avec force, contre l'usure. Louis IX, Philippe de Valois, Louis XII et ses successeurs, ont tous renouvelé, pour la réprimer, les ordonnances les plus sévères, sans pouvoir la détruire; c'est une espèce de rouille qu'il est difficile d'enlever, qui ronge et consume tout.

Dans les temps malheureux qui ont pesé sur la France, et où tous les vices prenaient une enseigne, l'usure s'annonçait par des écriteaux et des affiches. La génération présente aura peine à croire (puisque ceux qui l'ont vu, le croyaient à peine) que des prêteurs effrontés faisaient imprimer dans les journaux des avis, portant « qu'ils offraient au public de l'argent, « à raison d'un pour cent d'intérêt par décade. »

D'autres fripons, plus audacieux encore,

demandaient à des jeunes gens, trop confiants, des lettres de change, en leur promettant qu'aussitôt après, ils leur donneraient de l'argent. Ces jeunes gens, sans expérience, souscrivaient les effets qu'on avait exigés d'eux, et quand ils les avaient signés, ils en demandaient les fonds. On différait de jour en jour, sous divers prétextes, de les leur remettre, et quand le moment de l'échéance arrivait, on exigeait le paiement de la lettre de change, dont on ne leur avait pas remis le montant, et il fallait qu'ils payassent, pour éviter la prison. Ce fait, je l'avoue, paraît incroyable, mais j'atteste, sur l'honneur, qu'il est de la plus exacte vérité; je n'avance rien sans preuve, et si le respect que j'ai pour les familles me permettait de produire des témoignages, personne ne serait tenté de les récuser.

Le tribunal de police correctionnelle de Paris a condamné, en 1824, des usuriers qui prêtaient à des marchands et marchandes des halles, à raison de 120 pour cent par an; c'est-à-dire qu'on prêtait 25 ou 50 francs pour deux mois, et que les emprunteurs faisaient des bons de 30 ou 60 francs payables, à raison d'un franc par jour.

Il existe même des usuriers dans le genre burlesque, et tout le monde se rappelle l'histoire si plaisante d'un juif, mis en cause pour avoir voulu réclamer, d'un jeune clerc de notaire, une somme de dix mille francs, qu'il disait lui avoir prêtée. Il fut prouvé aux débats qu'il lui avait donné cinquante louis en or, et que, pour parfaire les dix mille francs, il l'avait forcé de prendre une pacotille de serinettes et un chameau vivant. Les juges réduisirent la créance de moitié, et condamnèrent le juif à dix mille francs d'amende.

Il existe une autre classe d'usuriers que j'appellerai les usuriers honteux; ce sont peut-être les plus dangereux, parce qu'ils font aussi bien, et mieux que les autres, tomber leurs dupes dans le piége, et savent échapper à la loi. Ils ont les profits du vice, et ne craignent pas le châtiment.

Tels sont ceux qui, en vous prêtant, comprennent l'intérêt usuraire dans la somme même énoncée par le billet qu'ils vous font souscrire, de manière qu'il serait impossible en justice de les convaincre, et que votre dette et leur vol sont indivisibles.

Tels sont encore ceux qui, vous vendant à crédit, vous forcent d'acheter leur marchandise le double, ou au moins un tiers de plus qu'elle ne vaut : c'est une manière sûre de prêter à 20 ou 30 pour cent par an ; si elle ne met pas à l'abri du reproche, elle met à l'abri des poursuites.

La difficulté n'est pas de faire des lois, mais de rendre l'application facile et la peine efficace. Je n'ai pas prétendu faire un traité sur l'usure ; j'ai voulu seulement offrir un texte aux méditations du législateur ; je finirai ce chapitre comme je l'ai commencé, en appelant l'attention du gouvernement et la bienveillance de tous les philantropes s.. les dernières classes du peuple des villes et des campagnes; il faut que la bienfaisance publique, si ingénieuse dans ses découvertes, et si variée dans ses ressources, trouve quelque moyen d'arracher, aux vampires de l'usure, les victimes qui les alimentent. Puisque les lois prohibitives manquent leur effet, on doit essayer de rendre ces lois même inutiles. Ne pourrait-on pas créer, dans chaque chef-lieu de canton, une caisse hypothécaire, dont les administrateurs consentiraient à prêter aux artisans et aux cultivateurs, à un intérêt fort au-dessous de celui des Monts-de-Piété (1)?

---

(1) M. de Montyon, qui a pris si souvent l'initiative des nobles pensées, avait proposé, en 1817 (voyez sa *Vie*), une prime de cinq mille francs, pour une société charitable qui prêterait, *sans intérêt*, aux différentes classes du peuple. Personne ne s'est présenté. Il ne faut pas placer la vertu trop haut pour que l'on puisse y atteindre.

Il suffirait qu'un homme généreux donnât l'exemple, il aurait bientôt des imitateurs. Dans notre pays, si les vices sont contagieux, les vertus sont fécondes (1). Les ouvriers et les agriculteurs, sûrs de pouvoir opposer à des malheurs imprévus des ressources qui n'auraient rien d'onéreux, se livreraient au travail avec plus de sécurité, et n'auraient plus recours aux usuriers qui les dévorent; ceux-ci, à leur tour, s'apercevant qu'on leur enlève leur proie, et ne voulant pas garder leurs capitaux, les emploieraient à des spéculations utiles, ou à des fondations honorables : bien des pauvres seraient moins à plaindre, quelques riches seraient plus estimés; tout le monde y gagnerait.

---

(1) Depuis que le *Testament* de M. de Montyon nous a révélé ses immenses largesses envers les hospices, deux hommes de bien, M. Boulard, ancien tapissier, et M. Brézin, fondeur, ont laissé à la même administration des sommes très-considérables.

Des esprits chagrins diront peut-être que ce n'est là qu'un beau rêve ; je ne sais pas ainsi désespérer de l'humanité ; elle a tant d'amis en France, que le bien qu'on y propose n'est jamais une utopie.

DE LA TRAITE DES ENFANTS.

J'étais sorti de chez moi, par un de ces temps froids et humides du mois de novembre, lorsque je fus assailli par cinq ou six petits ramoneurs qui me demandèrent l'aumône. Tout surpris de ce qu'au moment où l'on annonce la destruction de la mendicité, on la permet à des enfants dont on favorise ainsi les inclinations vicieuses au lieu de les étouffer, je me livrais à mes réflexions, lorsque j'aperçus, au coin d'une rue, un de leurs camarades; blotti contre le mur, il ne demandait rien, et sanglotait de toutes ses forces comme s'il lui fût arrivé un grand malheur. Je lui frappai légèrement sur l'épaule, il se leva, et je vis de grands yeux bleus, noyés de larmes, et une figure douce et pleine d'expression, qui ajouta, sans que je m'en rendisse compte, à l'intérêt que ce pauvre enfant m'inspirait. Je lui dis de me suivre, et je le conduisis dans une maison voisine; c'est là que demeure mon meilleur ami, un de ces hommes rares qui pensent toujours, en s'éveillant, au bien qu'ils feront dans la journée, et qui semblent avoir pris pour devise ce joli vers de Martial :

Quas dederis, solas, semper habebis opes.

« Ce que nous donnons est la seule chose qui nous reste. »
Il remplit une de ces places qui n'éveillent pas l'ambition et qui n'excitent pas la jalousie, parce qu'elle occupe beaucoup, et qu'elle ne rapporte rien ; il est administrateur du bureau de charité. — « Mon ami, lui dis-je
« en entrant, je t'amène un pauvre enfant
« qui meurt de froid; permets d'abord qu'il
« se chauffe, ensuite tu le feras causer, et nous

« verrons s'il dit la vérité. — Oh que oui, que
« je la dirai, répondit l'enfant en essuyant sa
« dernière larme; on la dit toujours quand on
« n'a pas fait de mal. »

L'ADMINISTRATEUR.

C'est bien, mon ami, c'est très-bien; voyons d'abord, quel est ton nom.

JOSEPH.

Je m'appelle comme mon père, Joseph Benoît.

L'ADMINISTRATEUR.

Et de quel pays es-tu?

JOSEPH.

Je suis de Viverolles, en Auvergne, à 15 lieues de Clermont.

L'ADMINISTRATEUR.

Quel est l'état de ton père?

JOSEPH.

Il fait des fromages qui sont bien bons tout de même; mais il faut en vendre beaucoup, quand on a douze enfants.

L'ADMINISTRATEUR.

Douze enfants !

JOSEPH.

Ni plus ni moins. L'aîné a vingt-cinq ans; et moi qui suis le dernier, j'aurai neuf ans à la Saint-Nicolas.

L'ADMINISTRATEUR.

Et tes parents t'ont laissé venir tout seul à Paris?

JOSEPH.

J'aurais bien mieux aimé y venir tout seul, mais on m'a loué à un ancien ramoneur qui n'est pas bon tous les jours.

L'ADMINISTRATEUR.

Comment, on t'a loué?

JOSEPH.

Oui, Monsieur, c'est comme ça qu'on fait dans notre Auvergne : quand un père est trop pauvre pour nourrir ses garçons, il les envoie dans la grande ville avec un conducteur, qui lui donne une vingtaine d'écus par tête d'enfant, et qui leur apprend leur état.

L'ADMINISTRATEUR.

Voilà un genre de commerce bien moral.

JOSEPH.

Dam, c'est pas l'embarras, un père est bien embarrassé.

L'ADMINISTRATEUR.

Et travailles-tu beaucoup à Paris ?

JOSEPH.

Oh ! je ne me repose guère, il y a des journées où je gagne jusqu'à 7 et 8 francs.

L'ADMINISTRATEUR.

Sept et huit francs ! tu dois pouvoir mettre de côté pour tes parents.

JOSEPH.

Un instant, c'est que ça n'est pas pour moi, c'est pour mon conducteur, le père Rafflard, et encore il trouve que ce n'est pas assez.

L'ADMINISTRATEUR.

Et pourquoi pleurais-tu tout à l'heure quand tu es entré chez moi ?

JOSEPH.

C'est justement ça; nous avons tous les jours des raisons ensemble. Il a voulu que je lui donne tout ce que je gagne; je lui ai donné, pour ne pas avoir de dispute, et à présent il veut... il veut... (Ici le pauvre enfant ne pouvait pas continuer, les sanglots étouffaient sa voix.)

L'ADMINISTRATEUR.

Allons, allons, remets-toi, et dis-moi tout, peut-être que je te serai utile.

JOSEPH.

Eh bien, Monsieur, il veut... il veut que je demande l'aumône, pour que je lui donne plus d'argent.

L'ADMINISTRATEUR.

L'infame !

JOSEPH (*avec force.*)

Mais je lui ai juré que jamais, jamais je ne demanderais; parce qu'il est voleur, ce n'est pas une raison pour que je sois mendiant !

L'ADMINISTRATEUR.

J'aime cette colère, elle prouve que tu as de l'ame.

JOSEPH.

Oh ! que oui, que j'en ai. . . . mais lui, il n'en a guère, il est brutal comme tout, et quand il a vu que je ne voulais pas mendier, il m'a battu, il m'a battu... il m'en a donné sur les épaules, sur la tête... il m'a fait bien mal, et c'est pour cela que je pleurais !...

L'ADMINISTRATEUR.

Pauvre enfant !... Sois tranquille, tu ne pleureras plus; donne-moi d'abord son adresse.

JOSEPH.

Rue Mouffetard, n° 6.

L'ADMINISTRATEUR.

J'y serai dans une heure.

JOSEPH (*effrayé*).

Est-ce qu'il faudra que j'y aille aussi?

L'ADMINISTRATEUR.

Non, non, j'irai tout seul, et quant à toi, mon enfant, ne t'inquiète plus de rien, je me charge de tout; je sais bien où je t'aurais mis il y a six mois; par malheur, cette maison n'existe plus (1), mais tu resteras ici.

―――――

(1) L'établissement dont on veut parler a réellement existé, rue d'Orléans-Saint-Marcel, n° 29; il avait été créé

JOSEPH (*transporté.*)

Oh! quel bonheur.

L'ADMINISTRATEUR.

Il y a là haut une petite chambre auprès de celle du vieux Picard, qui sert dans ma fa-

---

dans les vues les plus nobles et les plus philantropiques; on y accueillait avec bonté, et l'on y traitait avec douceur les enfants que leurs parents envoyaient de Savoie ou d'Auvergne, pour exercer à Paris la profession de ramoneurs. Ils y étaient bien couchés, bien nourris, recevaient un commencement d'instruction, et travaillaient assez pour mettre de côté un peu d'argent qu'ils rapportaient au printemps dans leur pays. Cette institution était régie par les soins d'un conseil composé de MM. Olivier, curé de Saint-Étienne-du-Mont; le comte de Breteuil, pair de France; David, administrateur des douanes; Le Bouetté, gentilhomme ordinaire du roi, et le baron de Brandois: tout semblait donc lui promettre succès et durée; cet espoir ne s'est pas réalisé faute de fonds; mais, quoique la tentative ait échoué, il serait à désirer que quelques personnes bienfaisantes, qui réuniraient aux talents administratifs la faculté de pouvoir exposer et attendre quelques capitaux, voulussent, en profitant de la première idée, relever un établissement qui ne peut manquer d'être utile à l'humanité.

mille depuis quarante ans; tu l'occuperas; Picard te montrera à lire et à écrire; il te conduira le dimanche au catéchisme, rue du Bac, aux Missions étrangères (1); je te ferai apprendre un état, et dans trois ou quatre ans, quand je t'aurai mis à même de ne plus être à charge à tes parents, tu retourneras auprès d'eux; tu soigneras ta vieille mère, et tu m'écriras quelquefois que tu es heureux.

---

(1) On sait que l'établissement des petits savoyards a été créé, en 1732, par l'abbé de Pontbrillant, aumônier du roi; ses successeurs ont été l'abbé de Fénélon, neveu de l'archevêque de Cambray, et l'abbé Legris-Duval, dont le nom est si cher aux malheureux. Le but de l'institution est de soustraire à la corruption les jeunes enfants de la Savoie qui viennent à Paris. Ils se réunissent à des jours fixes, au nombre de cinq ou six cents; on leur donne des leçons de lecture et d'écriture, et quelquefois on décerne des médailles à ceux qui montrent le plus de zèle et d'application. Cet établissement est dirigé aujourd'hui par M. Bordier, chef de division au ministère de la maison du roi, auquel M. l'abbé Legris Duval a fait promettre à son lit de mort de lui succéder et de ne jamais abandonner ces pauvres enfants.

Le petit Joseph pleurait aussi fort qu'en arrivant, mais ce n'étaient plus les mêmes larmes; mon ami, pour se dérober à sa reconnaissance, me pria de le conduire au vieux Picard, et se rendit chez ce conducteur si dur et si méchant. Il arriva précisément rue Mouffetard, au moment où il rentrait chez lui, entouré de quelques-uns de ces pauvres enfants qui lui sont confiés,

> Et dont la main légèrement essuie
> Nos longs canaux engorgés par la suie (1).

M. de Surville (2) n'eut pas besoin de demander son nom. Sa brutalité le lui révéla; ce misérable était presque sur le seuil de sa porte, lorsqu'il s'aperçut qu'un de ses *élèves* était resté à dix pas en arrière, pour écouter un chanteur: furieux il s'élance, le prend par le bras, et pour le faire aller plus vite lui donne de grands coups

---

(1) Voltaire.
(2) C'est le nom de l'administrateur.

de pied; le petit malheureux criait et pleurait à fendre le cœur, mais rien ne pouvait attendrir ce monstre à figure humaine; plus l'enfant demandait grâce, plus il le frappait, en lui disant : « Ah drôle, je te ferai voir si
« c'est pour entendre des chansons qu'on t'a
« envoyé à Paris. » M. de Surville eut bien de la peine à contenir son indignation, mais il avait intérêt à ne pas éclater pour mieux assurer l'exécution de son projet. Il attendit que toute la bande eût défilé, suivit le conducteur et monta, ou plutôt gravit presque immédiatement un mauvais escalier bien roide et bien sale, dans une allée étroite et obscure; parvenu au sixième étage, la porte allait se refermer sur lui, lorsqu'il demanda à parler à M. Raflard;
« C'est moi-même, lui répondit le conducteur,
« donnez-vous la peine d'entrer. Monsieur ap-
« partient sûrement à quelque administration;
« s'il veut faire un marché de ramonage à l'an-
« née, j'ai tout ce qu'il faut pour le contenter,
« mes prix sont modérés, et *mes enfants* n'ont

« jamais eu de reproches pour leur ouvrage. »
Tout en laissant échapper ce flux de paroles,
M. Raflard avait fait passer l'étranger dans sa
chambre, et lui avait offert une chaise; quand
ils furent seuls, cet étranger lui dit : Je viens
vous apporter de l'argent.

M. RAFLARD.

De l'argent, soyez le bien venu; je ne m'y
attendais pas, mais je vous remercie toujours.

L'ADMINISTRATEUR.

Ne me remerciez pas encore, peut-être ne
serez-vous plus si content tout-à-l'heure.

M. RAFLARD.

Je ne vous comprends pas.

L'ADMINISTRATEUR.

Vous allez me comprendre. Connaissez-vous
Joseph, dont les parents sont de Viverolles en
Auvergne, et qu'on vous a confié?

M. RAFLARD.

Je ne le connais que trop; un petit drôle, qui
fait le fier, et qui, lorsque l'ouvrage manque,
ne veut pas demander l'aumône; aussi je l'ai
joliment arrangé ce matin.

L'ADMINISTRATEUR.

Et pour qui la demanderait-il?

M. RAFLARD.

Pour lui, donc!

L'ADMINISTRATEUR.

Ne serait-ce pas plutôt pour vous?

M. RAFLARD (*troublé*).

Que voulez-vous dire?

L'ADMINISTRATEUR.

Je veux dire ce que vous savez mieux que moi : que vous disposez de ces pauvres enfants comme d'une propriété, que vous les nourrissez à peine, que vous vous emparez du fruit de leur travail, et que, lorsqu'ils ne gagnent rien, vous en faites des mendiants pour qu'ils vous rapportent ce qu'on leur donne.

M. RAFLARD (*balbutiant*).

Mais comment savez-vous?

L'ADMINISTRATEUR.

Je le sais, que cela vous suffise. Quel droit avez-vous sur ces enfants?

M. RAFLARD (*se remettant de son trouble*).

Des droits ; j'en ai de deux espèces. J'ai d'abord ceux que les parents m'ont donnés.

L'ADMINISTRATEUR.

Vous n'en êtes que plus coupable en abusant de leur confiance.

M. RAFLARD.

Ensuite j'ai les droits que je tiens de mon argent.

L'ADMINISTRATEUR.

Oui, je sais que vous avez *loué* ces pauvres victimes. Tenez, marchand d'esclaves, voilà les 60 francs que vous avez donnés aux parents de Joseph. Ils ne veulent plus que leur enfant reste avec vous.

M. RAFLARD (*élevant le ton*).

Je prends les 60 francs, parce que c'est toujours bon à prendre ; mais je vous prie de m'épargner vos réflexions, les arrangements que je fais ne regardent personne.

L'ADMINISTRATEUR.

Ils ne regardent personne !..... C'est ce qui

vous trompe; ils regardent tous ceux qui ont un cœur, tous ceux qui s'intéressent à ce qu'il y a de plus sacré sur la terre, la faiblesse et l'innocence. Je vais aller trouver le maire de votre arrondissement.

M. RAFLARD.

Le maire! c'est lui qui m'a donné la permission.

L'ADMINISTRATEUR.

Il vous a donné la permission de servir de protecteur à des enfants que leurs parents vous avaient confiés, et non pas d'être leur tyran et leur bourreau. Après avoir avili leur âme, abruti leur esprit, vous les maltraitez, vous les frappez...

M. RAFLARD.

Mais Monsieur...

L'ADMINISTRATEUR.

Oui, vous les frappez. Tout-à-l'heure, quand vous êtes rentré, vous avez battu un de ces êtres faibles que vous appelez vos enfants et qui ont un bien mauvais père. Méchant homme que vous êtes? Je vous le répète, je vais trouver le maire, je lui dirai vos excès. Tout ce qu'il y a d'honnête à Paris s'entendra pour former un établissement où les deux pays, dont les mœurs sont restées les plus pures, pourront envoyer avec sécurité les enfants qui ont une famille trop nombreuse ou ceux qui n'en ont pas du tout. Les laisser avec des hommes tels que vous, ce serait gâter leur cœur et altérer leur santé. D'ailleurs ce sont des châtiments qui vous sont dus et non pas des récompenses. Lorsque la France, d'accord avec toute l'Europe, s'est prononcée contre la traite des nègres, elle ne tolèrera pas, elle ne peut pas vouloir tolérer la traite des enfants (1). Je vais m'occuper de cela. Adieu.

---

(1) Tous les faits contenus dans ce chapitre sont de la plus exacte vérité; l'auteur les a seulement dialogués, pour donner à son récit une forme plus dramatique.

ÉCLAIRCISSEMENTS
HISTORIQUES.

COMPTE

DES RECETTES ET DÉPENSES

DU DÉPÔT DE MENDICITÉ,

PENDANT L'EXERCICE 1827.

Ce compte rendu donnera une idée de l'ordre qui régnait dans les dépenses faites pour le dépôt de mendicité de Bordeaux.

DOTATION DE L'EXERCICE 1827.

Montant des souscriptions et dons volontaires....................	104,955 fr. 41 c.
Portion du prix du travail, attribuée à l'établissement....................	427 77
Total du revenu de 1827.....	105,383 fr. 18 c.

POPULATION.

Le nombre des pauvres admis au dépôt de mendicité ou secourus à domicile, produit, en journées de présence, les résultats suivants :

Mai.....	au dépôt....	1,880.
Juin.....	au dépôt....	5,362.
»	à domicile...	2,640.
Juillet...	au dépôt....	6,036.
»	à domicile...	2,604.
	A reporter.......	18,522.

Report........	18,522.	
Août.... au dépôt.....	6,246.	
» à domicile...	2,356.	
Septemb. au dépôt.....	6,168.	
» à domicile...	2,160.	
Octobre. au dépôt....	6,218.	
» à domicile...	2,108.	
Novemb. au dépôt.....	6,055.	
» à domicile...	1,980.	
Décemb.. au dépôt....	6,567.	
» à domicile...	2,015.	
Total des journées...	60,395.	

Le nombre des journées, pendant l'exercice 1827, est donc de *soixante mille trois cent quatre-vingt-quinze*, sur lesquelles on répartira la dépense.

1ᵉʳ et IIᵉ CHAPITRES
DU BUDJET.

SUBSISTANCES ET SECOURS EN ARGENT.

Pain............	4,886 fr.	80 c.
Viande.........	1,954	80
Haricots........	336	»
Fèves..........	12	»
Pois............	4	75
Riz.............	601	55
Graisse.........	341	55
Pommes de terre.	211	»
A reporter.....	8,348 fr.	45 c.

Report	8,348 fr.	45 c.
Sel	152	85
Poivre..........	29	50
Légumes verts...	150	90
Vin	1,498	65
Secours distribués en argent......	3,325	50
TOTAL..................	13,505 fr.	85 c.

Ce qui fait ressortir la journée de nourriture à *vingt-deux centimes trente six centièmes.*

IIIe CHAPITRE.

FRAIS D'ADMINISTRATION.

Directeur........	2,000 fr.	» c.
Aumônier.......	319	45
Chirurgien	233	32
Inspecteur.......	1,050	»
Commis aux écritures	611	9
Garde-magasin....	633	30
Commis aux distributions.........	154	16
Commis aux recettes.	300	»
Impositions et assurances	173	15
Frais de bureau...	380	40
Portier..........	164	81
Premier surveillant	102	10
Cuisinière	110	85
A reporter.....	6,232 fr.	63 c.
A reporter..	13,505 fr.	85 c.

Report............		13,505 fr. 85 c
Report......	6,232 fr. 63 c.	
Surveillants, pauvres..........	79	50
Surveillantes, pauvres..........	81	»
Aides de cuisines, pauvres........	31	50
Infirmiers, pauvres.	31	50
Infirmières, pauvres..........	43	50
Perruquier.......	129	65
TOTAL des frais d'administration.	6,629	28

Ce qui fait revenir la journée à *dix centimes quatre-vingt-dix-sept centièmes.*

IVe CHAPITRE.

BLANCHISSAGE.

Pour draps de lit.	248 fr. 10 c.	
Couvertures de laine.	6	»
Chemises d'hommes et de femmes..........	628	40
Vêtements.......	59	21
Linge de toute espèce..........	205	63
TOTAL................	1,147	34

Ce qui fait revenir la journée, pour le blanchissage, à *un centime neuf dixièmes.*

A reporter............ 21,282 fr. 47 c.

Report............ 21,282 fr. 47 c.

Ve CHAPITRE.

CHAUFFAGE ET ÉCLAIRAGE.

Chandelle.......	42 fr.	10 c.
Huile à brûler...	251	50
Mèches.........	3	95
Cierges.........	42	»
Bûches de pin...	351	25
Charbon........	4	»
TOTAL.................	694	80

Ce qui fait revenir la journée, pour le chauffage et l'éclairage, à *un centime quinze centièmes*.

VIe. CHAPITRE.

PHARMACIE.

Drogues et médicaments.......	449 fr.	60 c.
Lait............	57	90
Vinaigre........	31	67
Bandages.......	52	»
TOTAL.................	591	17

Ce qui fait revenir la journée, pour la pharmacie, à *quatre-vingt-dix-sept centièmes de centime*.

VIIe CHAPITRE.

FRAIS D'INHUMATION.

(*Néant*).

A reporter.............. 22,568 fr. 44 c.

Report .... 22,568 fr. 44 c.

VIII° CHAPITRE.

DÉPENSES INTÉRIEURES ET IMPRÉVUES DONT LE DIRECTEUR EST AUTORISÉ A FAIRE L'AVANCE.

Frais divers.....	247 fr.	4 c.
Cocher pour conduire les pauvres à l'hôpital.	166	95
Dépenses imprévues.........	192	70
TOTAL............	606	69

Ce qui fait revenir la journée, pour les dépenses intérieures, à *un centime*.

IX.° CHAPITRE.

VÊTEMENTS.

Chemises d'homme.	932 fr.	35 c.
Pantalons de toile.	226	45
Gilets à manches, de toile.......	215	64
Vestes sans manches, de toile..	101	40
Bonnets de laine..	87	50
Capottes.........	1,281	20
Pantalons d'étoffe.	745	75
Vestes d'étoffe, sans manches.	96	10
A reporter....	3,686 fr.	39 c.

A reporter.............. 23,175 fr. 13 c.

Report............		23,175 fr. 13 c.	
Report...	3,686 fr. 39 c.		
Gilets à manches, d'étoffe......	858	15	
VÊTEMENTS DE FEMMES.			
Mouchoirs de cou et de poche.....	400	»	
Chemises.......	1,172	55	
Brassières......	814	30	
Jupons.........	1,158	50	
Bas...........	136	»	
Chaussons......	200	40	
Souliers.......	3	50	
Tabliers de travail........	190	»	
Sabots.........	163	86	
Manteaux......	1,256	5	
TOTAL...	10,039 fr. 70 c.		

Les vêtements devant durer deux années, il ne doit être porté, pour les huit mois de l'exercice 1827, que.....   3,346   56

Le supplément de cette dépense sera porté à l'exercice 1828 et aux quatre premiers mois de l'exercice 1829.

Ce qui fait revenir la journée, pour les vêtements, à *cinq centimes cinquante-quatre centièmes.*

A reporter..............   26,521 fr. 69 c.

Report.......... 26,521 fr. 69 c.

Xe CHAPITRE.

COUCHER.

Bois de lit.....	3,202 fr.	50 c.
Draps de lit....	4,591	30
Matelas	298	60
Paillasses......	1,250	»
Traversins.....	470	»
Couvertures de laine........	2,863	21
Paille.........	183	60
TOTAL...	12,859 fr.	21 c.

Le coucher devant durer au moins trois ans, il ne doit être porté, pour les huit mois de l'exercice 1827, que..   2,857   60

Le surplus de cette dépense sera porté aux exercices 1828, 1829, et quatre premiers mois de 1830.

Ce qui fait revenir la journée à *quatre centimes soixante-treize centièmes.*

XIe CHAPITRE.

FRAIS D'INSTALLATION.

Ustensiles de ménage.........	1,538 fr.	90 c.
Meubles.......	1,526	74
A reporter...	3,065 fr.	64 c.

A reporter............. 29,379 fr. 29 c.

		Report............	29,379 f. 29 c.
Report.....	3,065 fr. 64 c.		
Objets d'atelier.	366 » »		
Mobilier de la chapelle.....	914 85		
Premiers frais d'impressions.	1,363 25		
Divers menus frais.........	514 50		
Linge de cuisine, etc....	145 57		
Total.....	6,369 fr. 81 c.		

Les frais d'installation devant être répartis sur les trois premières années, il ne doit être porté, pour les huit mois de l'exercice 1827, que............... 1,415 51

Le surplus de cette dépense sera porté aux exercices 1828, 1829, et quatre premiers mois de 1830.

Ce qui fait revenir la journée, pour les frais d'installation, à *deux centimes trente-quatre centièmes.*

XIIe CHAPITRE.

CONSTRUCTIONS ET APPROPRIATIONS DU LOCAL.

Maçonnerie........	2,743 fr. 72 c.	
Charpenterie......	5,788 20	
A reporter...	8,531 fr. 92 c.	
	A reporter.........	30,794 fr. 80 c.

			30,794 f. 80 c.
Report		8,531 fr. 92 c.	
Peinture	435	»	
Serrurerie	1,328	55	
Menuiserie	465	»	
Toiture	110	»	
Construction de hangars pour ateliers	3,026	15	
Chapelle	649	75	
Total	14,546 fr. 37 c.		

N. B. Sur cette somme, environ 2,400 f. ont été payés pour compte du propriétaire, à valoir sur les loyers à échoir.

Les frais de construction devant être réparties sur les trois premières années, il ne doit être porté, pour les huit mois de l'exercice 1827, que............ 3,232 53

Le surplus de cette dépense sera porté aux exercices 1828, 1829, et quatre premiers mois de 1830.

Ce qui fait ressortir la journée à *cinq centimes trente-cinq centièmes.*

Total de la dépense de l'exercice 1827. 34,027 f. 33 c.

La dépense, pendant les huit mois de l'exercice 1827, s'élève à *trente-quatre mille vingt-sept francs trente-trois centimes.*

RÉCAPITULATION

DU PRIX DE LA JOURNÉE PENDANT

L'EXERCICE 1827.

Subsistances, et secours en argent pour le même objet............ « f.	22c	36/100mes
Frais d'administration............ «	10	97
Blanchissage.................... «	1	90
Chauffage et éclairage........... «	1	15
Pharmacie...................... «	«	97
Frais d'inhumation.............. «	«	«
Dépenses intérieures............ «	1	«
Vêtements..................... «	5	54
Coucher....................... «	4	73
Frais d'installation.............. «	2	34
Constructions et appropriations.... «	5	35
TOTAL du prix de la journée..... « f	56c	31/100mes

Le prix de la journée des pauvres admis et secourus à domicile, est donc de *cinquante-six centimes trente-un centièmes.*

RÉCAPITULATION GÉNÉRALE.

Le montant de l'exercice 1827 est de.... 34,027 f. 33 c.

VÊTEMENTS.

A porter à l'exercice 1828...............	5,019	85
id. id. 1829, pour 4 mois..	1,673	29

COUCHER.

A porter à l'exercice 1828...............	4,286	40
id. id. 1829...............	4,286	40
id. id. 1830, pour 4 mois...	1,428	81

FRAIS D'INSTALLATION.

A porter à l'exercice 1828,..............	2,123	27
id. id. 1829..............	2,123	27
id. id. 1830, pour 4 mois...	707	76

CONSTRUCTIONS.

A porter à l'exercice 1828...............	4,848	79
id. id. 1829.	4,848	79
id. id. 1830, pour 4 mois..	1,616	26
Pour le prix de quatre-vingt-deux barriques de vin restant en cave..........	2,970	50

Somme égale au montant de la dépense générale, arrêtée le 31 décembre 1827, par M. le marquis de Bryas, vice-président de la commission administrative du dépôt de mendicité .... 69,960 f. 72 c.

RÉSUMÉ DE LA RECETTE.

Il a été versé à la Banque, sur le montant des souscriptions........................79,778 f. 95 c.

Sur cette somme, la Banque
a payé sur mandats...... 69,960 f. 72 c.
Reste en caisse à la Banque,
au 31 décembre........ 9,818   23

Somme égale au versement fait à la
Banque..................... 79,778 95
Le prix du travail perçu par le directeur, à porter au crédit de 1828....... 427 77
Reste à recouvrer sur les souscriptions
de 1827, et à porter au crédit de 1828.. 25,176 46

Somme égale à la dotation de 1827. 105,383 f. 18 c.

Certifié, le présent compte des recettes et dépenses, pendant l'exercice 1827, conforme aux livres de comptabilité du dépôt de mendicité, arrêté par M. le marquis de Bryas, vice-président de la commission administrative.

Bordeaux, le 12 Janvier 1828.

Le Président de la Société,

B^{on} D'HAUSSEZ.

FIN.

TABLE GÉNÉRALE.

                                                                    Pages.

Avant-propos.
Vie de M. de Montyon.................... 1
Pièces justificatives.
  (A) Testament de M. de Montyon.......... LXXIII
  (B) Aux mânes de M. de Montyon......... LXXXIV
Table analytique de la vie de M. de Montyon....LXXXVII

DES MŒURS, DES LOIS ET DES ABUS.

Avant-propos.
De la Calomnie............................ 1
Du Suicide................................ 8
Des Maisons de Jeu....................... 24
Des Duels................................ 43
De la Noblesse........................... 60
De la Mendicité.......................... 68
De la Famille............................ 86
De l'Amitié.............................. 102
De la Peine de mort et des Exécutions..... 114
Des Jeux de Bourse....................... 130

	Pages.
De l'Usure	146
De la Traite des Enfants	154

ÉCLAIRCISSEMENTS HISTORIQUES.

Compte des recettes et dépenses du Dépôt de mendicité, etc. 173

FIN DE LA TABLE GÉNÉRALE.

www.ingramcontent.com/pod-product-compliance
Lightning Source LLC
Chambersburg PA
CBHW071420150426
43191CB00008B/986